日本一適当なパン教室の
夜こねて冷蔵庫で
ほったらかし
朝焼きたてパン
レシピ

Backe晶子

PHP研究所

日本一適当なパン教室の すごい「朝焼きたてパン」
〜前日に生地を作りおき、翌朝焼くだけ〜

こんにちは。Backe晶子です。
このたびは本書を手に取ってくださってありがとうございます。
この1冊で、あなたの朝のキッチンに毎日の朝食に、
香り豊かな焼きたてほかほかのパンが加わることになります。
難しいことは、ありません。本当にびっくりするほど簡単です。
どうぞ楽しく、気楽に作ってみてください。

「朝、焼きたてのパンが食べたい」「焼きたてのパンを家族に食べさせたい」
と思っている人は、多いと思います。
でも、夜明け前の暗いうちから起きて作業するのも現実的に難しいですし
ホームベーカリーを持っていない方や、持たない派の方もいますよね。

Backeの「朝焼きたてパン」なら、朝にする作業は、オーブンを予熱して
焼くだけ。オーブンのボタンを押すだけです。

予熱も焼くのもオーブンが勝手にやってくれるので、
じっと見つめている必要などありません。その間はキッチンを離れて、
身支度を整えたり、家族を起こしたりしていると
熱々のパンがいい香りを漂わせはじめます。

ボタンを押す、パン生地を入れる、の実質1分ちょっとのアクションで
起きてから30分後には言葉通り「朝焼きたてパン」が手間なく焼きあがります。

働いている人でも、昼間は時間がとれない人でもパン作りができて、朝焼くだけという
都合のよいパンができないか？と、試作を繰り返してきました。
そしてうまれたのが「朝焼きたてパン」。
Backeの簡単なパンの中でも、ダントツに適当でいいという究極のレシピです。

基本のプレーン生地だけでなく、おかずパンやおやつパンも作れるので、
朝からがっつり食べるのもいいですし、お弁当に持っていくこともできます。
焼きたてのパンを持って出かけられるなんて、楽しいですよね。

パン作りが、気合いを入れてのぞむイベントではなく、
毎日の生活の一部に自然にとけこみ、朝の当たり前の光景になる……
その完成形が「朝焼きたてパン」です。

ぜひ、気軽に試してみてください。

Backe晶子

前日に 🌙

計量してこねて　　　お部屋でほったらかし

冷蔵庫には
8〜14時間
ほったらかしOK

カットしたり丸めたりして　　冷蔵庫に入れるだけ

あとは翌日に

翌朝に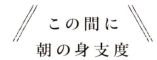

冷蔵庫から取り出して　　　18分、焼いて

この間に
朝の身支度

焼きたてパン
できあがり

ほかほかが食べられる

CONTENTS

- 02 　日本一適当なパン教室の
　　　　すごい「朝焼きたてパン」
- 04 　前日に
- 06 　翌朝に
- 10 　魔法のような「朝焼きたてパン」
- 12 　日本一適当なパン教室の特徴

chapter 1
-SQUARE TYPE-
スクウェア型で焼いてみましょう

- 18 　基本の朝焼きたてパン
- 22 　グラハム粉ちぎりパン
- 23 　バンズ風ちぎりパン
- 24 　ちぎりコッペパン〜プレーン〜
- 26 　小麦胚芽ちぎりコッペパン
- 27 　レーズンちぎりコッペパン
- 28 　クルミいちじくちぎりコッペパン
- 29 　抹茶きな粉ちぎりコッペパン
- 30 　クープ入りちぎりコッペパン
- 31 　ミニコーンパン
- 32 　ミニコロッケパン
　　　　ミニホットドック

chapter 2
-POUND TYPE-
パウンド型で焼いてみましょう

- 34 　パウンド型ふんわりちぎりパン
- 36 　カマンベール黒ごまちぎりパン
　　　　オレオマーブルちぎりパン
- 38 　ベリー＆チーズロール
- 39 　コーヒーシュガーロール
- 40 　バターミルクロール
- 41 　枝豆コーンパン
- 42 　ソーセージキャベツパン
- 43 　カレーチーズパン
- 44 　白ごまツイスト
- 46 　シナモンシュガーツイスト
　　　　シュガーツイスト

14	お好みの型で作れます
15	必要な材料、必要な道具
16	朝、焼きたてのパンを食べるためのスケジュール

78	おわりに

chapter 3
-PORCELAIN-
ホーローで焼いてみましょう

48	ホーロー型むっちりちぎりパン
50	オレンジちぎりパン
52	お好み焼き風ブレッド
53	キッシュ風ブレッド
54	ふんわりダブルソフト風
55	ダブルソフト黒こしょう風味
56	紅茶とりんごのアーモンドクリーム
	黄桃アーモンドクリーム

chapter 4
-SKILLET-
スキレットで焼いてみましょう

58	スキレット型しずくパン
60	チョコバナナお花パン
62	フォカッチャ風〜オリーブオイル〜
63	フォカッチャ風〜シュガーバター〜
64	絵本に出てくるふんわりパン
66	ハンバーグピザ風
	から揚げバジルピザ風

前の晩に作って翌朝おいしい
お惣菜＆スープ with サンドイッチ

70	朝仕上げのお惣菜
	絹さやとプチトマトのふんわり卵焼き
	にんじんとアーモンドのサラダ
	ウインナーとオリーブのトマト和え
74	「朝焼きたてパン」で作るサンドイッチ
76	朝に仕上げるスープ
	簡単ビーフシチュー風
	野菜たっぷりヘルシースープ
	白菜とウインナーのミルクスープ

●計量単位は大さじ1＝15㎖、小さじ1＝5㎖です。
●バターは基本的に食塩不使用バターを使っています。
●砂糖は上白糖です。
●卵はMサイズを使用しています。
●オーブンは、著者の家にあるオーブンレンジを使っています。焼き時間は、メーカーや機種によって差があります。様子を見ながら時間を加減してください。
●生地を入れる前に、紙製の型以外には、バターか油（分量外）を薄く塗っておきます。紙製の型には、オーブンペーパーを敷いてください。
●スクウェア型は、焼いた後に型からはずすときには、まだパン型が熱いうちに、シンクなどに型を打ちつけて、ひっくり返してパンを受け取ります。スクウェア型以外は打ちつけないで、竹串などを使って取り出してください。やけどには気をつけてください。
＊価格は、大体の目安を知っていただくためのものです。著者の近所のスーパーで販売されていた強力粉1kg298円、ドライイースト125g357円で計算しています。スクウェア型のレシピすべてと、ホーローのレシピp.54「ふんわりダブルソフト風」、p.55「ダブルソフト黒こしょう風味」は1型分、それ以外は2型分の価格です。
＊オーブンで焼くときの約30分の電気代や水代は入れておりません。材料の値段や、家にすでにあるものによっても価格が変わることがあります。ご了承ください。

魔法のような「朝焼きたてパン」

前日
いつ準備してもOK！

お仕事や家事、育児に時間がとられ、レシピの時間通りに作業をするのが難しいこともありますよね。このレシピでは、多少時間がずれても生地が発酵しすぎることがないので、時間を気にしすぎずに作れます。お子さまが小さい方は、寝かしつける前にこねて、寝静まってから分割して、あとは冷蔵庫！という手順がおすすめ。誰でも無理なく気軽にパン作りを楽しめる、夢のようなレシピです。

夜は
冷蔵庫に入れるだけ

このレシピでは「冷蔵庫でほったらかす」ことが、いわゆる2次発酵です。普通、発酵は細かな温度管理が必要ですが、Backeの「朝焼きたてパン」ならいりません。冷蔵庫に入れるだけです。冷蔵庫には8時間から14時間の幅で入れておけるので、ほったらかす時間もアバウトでOK！　私たちが寝ている間に発酵が進むので、翌朝は焼くだけ！　冷蔵庫に入れるときは、生地にぬれ布巾をかけ、型ごとポリ袋に入れて口を縛るだけです。特別な道具は必要ありません。

パンを家で作ることの醍醐味は、焼きたてが食べられること。オーブンから出した直後のパンの香りと熱々のおいしさは、手作りだからこそ得られる至福の味。ただ、朝食に焼きたてを食べるとなると、朝暗いうちから起き出して作る必要があり、それは普通のおうちでは無理。でもなんとか、「朝焼きたてパン」を食べられないかと生み出した特別レシピです。

じっくり発酵で バツグンのおいしさ

この「朝焼きたてパン」、外はパリッ、中はもちっとしてとってもおいしくできあがります。その理由が「冷蔵庫でのじっくり発酵」です。低温＆長時間発酵ならではのおいしさ〜小麦粉の甘みと深みのある香り〜をおうちで楽しめるなんて贅沢ですよね。前日の夜に何種類かのレシピを作っておけば、焼きたてパンが何種類もテーブルに並ぶ……なんて夢のような朝食も可能です。

イーストは 少なくてOK

このレシピで使用するインスタントドライイーストの量は、小さじ1/2。これは通常のパンのレシピに比べてかなり少ない量です。「ちゃんと膨らむのかな」と心配に思う方もいるかもしれませんが、冷蔵庫を使って長時間発酵するので、この量でも大丈夫なのです。一夜明ければ生地はしっかり膨らんでいるのでご安心ください。生地の膨らみが足りない場合は、オーブンで焼く前に少し室温に出しておくといいですよ。

日本一適当なパン教室の特徴

室温(25℃)と冷蔵庫が あれば発酵器不要

パン作りの常識ではベストな発酵温度は30〜40℃。そうなると、発酵器などの器具が必要です。でも、Backeのパン作りの大きなポイントは、パン作りの最大の難関「発酵」が「室温で」「冷蔵庫で」できること！ 室温の目安は25℃。これは私たちが心地よいと感じる温度です。春・秋はそのまま、夏・冬もエアコンをつけていれば室内に置いておくだけでOKです。冷蔵庫に関しては、温度計すらいりません。

基本の材料や道具は 極力少なく！

材料も卵は使わず（ごくまれに一部使うレシピもあります）、バターも砂糖も少量で、低カロリー。砂糖も塩も特別なものを使わなくても、家にあるものでOK。Backeのパン作りは、普段のお料理に使っているまな板とボウルではじめられる、気軽なパン作りです。道具もパン専用のものでなくても、お菓子用のゴムべらや包丁で十分代用可能です。

Backeのパン作りで大切にしているのは、初心者さんでも失敗なくパンが焼けること。ですから、色々なところが一般的なパン作りと違っています。発酵の仕方、材料や道具、こねるテクニック……といったパン作りのハードルを低くして、誰でもおいしい焼きたてパンを楽しめる工夫がされています。テレビを見ながら、おしゃべりしながら……。家事の合間にアバウトに作って、しっかりおいしい。それがこのレシピの良いところです。

こねるテクニックは不要です

基本の生地作りも配合が「こねやすさ」を考えてあるので、こねるテクニックはいりません。「こねやすい配合」で「成形しやすい生地」が作れて、パン作り初心者さんでも失敗しません。また、生地をたたきつけたりしないので、うるさい音もせず粉が飛び散ることもありません。生地を大きく伸ばさないので、まな板1枚のスペースさえあれば、作業の場所も時間も選びません。

冷凍保存できます

「パンを冷凍する」というと、邪道に思われるかもしれません。でも皆さんに驚かれますが、Backeのパンは冷凍保存しても味が落ちません！ですから時間の余裕があるときに、まとめて作りおきができます。焼きあがったパンは冷めてから1回に食べる分だけラップできっちりくるみ、保存袋に入れて冷凍します。食べるときは室温で自然解凍すればいいので、安心して冷凍してくださいね。

お好みの型で作れます

「朝焼きたてパン」は、型に入れて作るのが特徴。型に入れたまま冷蔵庫に入れられ、できあがりもかわいくなります。型は耐熱性であれば家にあるもので代用しても大丈夫。本書では、下記の4種類の型で焼いています。なお、本書ではスクウェア型のレシピすべてと、ホーローのレシピp.54「ふんわりダブルソフト風」、p.55「ダブルソフト黒こしょう風味」以外は、すべて材料が2型分となっています。1型分で作る場合は、材料をそれぞれ半量にしてください。

-SQUARE TYPE-
スクウェア型

1度に4～5人分の量が焼け、丸からコッペパン風まで色々な形のパンが焼けるのが特徴。パン生地がくっついてしまう心配がないのもうれしい。

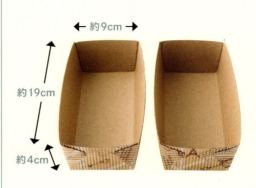

-POUND TYPE-
紙製パウンド型

100円ショップなどで購入可能。一番安価で手に入る。パンを焼くにはオーブンペーパーが必要だけど、汚したりしなければ何度か使えて経済的。型を持っていない人におすすめ。

-PORCELAIN-
ホーローバット

ホーローバット（以下ホーロー）は見た目がかわいくて、ふた付きなのが魅力。残ったパンを保存するのも便利。冷蔵庫に入れておく際、ふたをすれば上下に重ねられるので省スペースにもなる。

-SKILLET TYPE-
スキレット

人気が続くスキレット。焼きあがったらそのままテーブルに出せてしまうかわいさはスキレットならでは！すでにお持ちの方はぜひパンも焼いてみましょう。

必要な材料

パン作りの材料にこだわるのもよいけれど、私は「これはパン専用」「これは特別な粉」とあれこれ揃えて場所をとるよりも、毎日作る料理に使う砂糖や塩を使ってパンが作れた方が楽なので材料にはこだわりません。パン専用に準備するのは強力粉とインスタントドライイーストだけ。油脂も他のパンレシピと違い少量なので、そのとき冷蔵庫にあるマーガリンでも有塩バターでも無塩バターでも作れますよ。

> こねやすい分量です。

●基本の材料

> カメリヤを使っています。
> 本書のポイント！かなり少ない量で作れます。

強力粉 … 280g
砂糖 … 大さじ1
塩 … 小さじ1
インスタントドライイースト … 小さじ1/2
ぬるま湯（35℃前後）… 180cc
バターかマーガリン … 5g

＊ぬるま湯は、800Wの電子レンジで約20〜30秒温めるとだいたい35℃に。かき回してから、温度計で測ってください。35℃より低ければ、800Wで10秒ずつ温めては測る。35℃より高ければ、温めた水を減らし、水を足して。

\\ 時短テク //

＊強力粉を購入した直後に小分けの袋に入れておけば、作りたいときに粉を計量せずに済み、とってもラクチンです（レシピによって使う粉の量で分けてください）。

必要な道具

パン作りをはじめようとすると、どうしても「特別なもの」「パン作り専用のもの」が必要と思いがちですが、私のパン作りは普段使っているまな板や包丁をそのまま使ってできるのが特徴。すべてこだわらず、ポイントをおさえながら、道具を選びましょう。ボウルは直径25cmくらいの大きさがあり、ガラス製のものがおすすめです。他に、まな板の下にカーペット用の滑り止めを敷くとパン生地をこねやすくなります。

●必ず必要なもの

はかり …………… デジタルのものがあればベストですが、なければアナログでも。
ボウル(大) ……… 直径25cmぐらいの大きさがあれば、作業がしやすいです。
温度計 …………… 部屋の温度とお湯の温度を測る2種類用意してください。

●家にありそうなもの

台(まな板)
ふるい
計量カップ
計量スプーン …… 大さじ（15㎖）、小さじ（5㎖）、小さじ1/2（2.5㎖）の3本。
カード …………… ボウルの中のパン生地を取り出すときに使います。ゴムべらで代用できます。
スケッパー ……… パン生地を切り分けるときに使います。包丁で代用できます。
布巾 ……………… できれば、さらしがベスト。なければ、薄手のもの。
ラップ
キッチンタイマー

●レシピによっては使うもの

めん棒
オーブンペーパー

> 14時半ごろから
> はじめてもOKです。

> 冷蔵庫に入れるまでの
> 時間は、作る時間を
> 計算してくださいね。

スタート
20:25
計量する

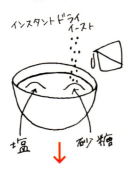

こねる

20:40
室温でほったらかす

>>> **90分**

22:10
分割

→

22:15
室温でほったらかす

→ >>> **10分**

翌6:48
完成

> ほかほかを
> 食べましょう。

翌6:30
焼く

←

↑ >>> **8〜14時間**
一晩

> 14時半にはじめた場合は
> 16時半ごろ冷蔵庫へ。

22:30
冷蔵庫でほったらかす

↑

22:25
成形する

> 翌朝7時に

朝、焼きたての
パンを食べるための
スケジュール

たとえば7時に焼きたてパンを
食卓に並べるには、
何時に何をしたらいいかをご紹介します。
作りはじめは14時半ぐらいから
20時半ぐらいまで、
いつはじめても大丈夫ですよ。

> 気がラク

温度もある程度適当で大丈夫!

パン作りで温度は大事と言われます。
初めて作られる方は、まずは温度をきちんと測って作ってみてもらいたいです。
でも、ずっと温度管理をし続けるのは、普段の生活の中では難しいですよね。
「朝焼きたてパン」では、インスタントドライイーストを少ししか使わず、
できるだけ適当な温度でも失敗しないレシピにしてあります。

室温	粉と混ぜる湯の温度	1次発酵の時間 (ただし触って確認)	2次発酵の時間
25℃より高い	32〜33℃	70〜75分	
25℃ (この室温がベスト)	35℃	90分	冷蔵庫で 8〜14時間 (温度のことは気にしなくてOK!)
25℃より低い	37〜38℃	105〜110分	

＊冷蔵庫の温度は、10℃前後を基準にしています。膨らみ過ぎてしまったり、膨らまなかった場合は、温度を確認してください。

> ここは大事!

温度計で1分もかからない作業です。ここが測れていれば、失敗がぐっと少なくなります。

指でそっと押して跡が残ればOK。残らなければ、もう5分置いてみて。

「朝焼きたてパン」は

\室温で!/

\冷蔵庫で!/

おいしくなります

スクウェア型で
焼いてみましょう

何を焼いてもかわいくおさまるスクウェア型は、「朝焼きたてパン」にぴったりです。この基本生地が作れれば、他のページの色々なパンも少しアレンジするだけで焼けますよ。

SQUARE TYPE

chapter

1

-SQUARE TYPE-
BASIC
基本の朝焼きたてパン

「朝焼きたてパン」の基本の味。きめがこまかく、もっちりとした食感で毎日食べ続けてもあきないおいしさです。

step 1

計る&こねる 15分 **室温(25℃)でほったらかす 90分**

材料を計り、最初はボウルで、後半はまな板でこねます。　　　　　　生地をボウルに入れ、ラップをかけておくとほぼ2倍に膨らみます。

1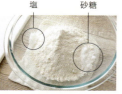
塩　砂糖
ボウルに粉をふるい入れ、塩と砂糖を両端に置く。

5
ひとまとまりになったら、生地をボウルからまな板に移す。

1
いわゆる1次発酵です。
生地をボウルに入れ、ラップをかけておく。

2
ボウルを砂糖側に傾け、35℃前後のぬるま湯を一気にそそぎ入れる。そこへイーストを振り入れる。

6
上から体重をのせて押すようにまな板の上でこねる。生地はたたかない、伸ばさない、ひっぱらない。

2
ほぼ2倍に膨らむ。

1次発酵の目安

指でそっと押して跡が残ればOK。跡が残らなければ、もう5分置いて再度チェック。

3
イーストを溶かしながら全体を混ぜる。浮き上がってくるイーストがなくなればOK！素早く溶かして、手早く全体をまとめる。指を開いて大きくボウル側面に手を沿わすようにこねる。手早く大きくこね続け、生地をひとまとまりにする。

7
「こねたら生地を折るようにして、またきれいに整える」を5分繰り返す。手の動きは速く！

8
具を加えるときはここで混ぜることが多いです。
生地がなめらかになったら、表面をはらせるようにして丸める。生地をひっぱらないよう、注意して丸める。

材料
（約20×20cmスクウェア型　1型分）

強力粉 … 280g
砂糖 … 大さじ1
塩 … 小さじ1
インスタントドライイースト… 小さじ1/2
ぬるま湯(35℃前後) … 180cc
バターかマーガリン … 5g

4
バターを練りこんでいく。出だしは練りこみづらいけれど、がんばって！

こねあがりの目安

大きなボコボコがなくなる（小さなブツブツは気にしない）。

¥103

SQUARE TYPE
BASIC

step 2
丸め直す＆分割する 5分 → 室温(25℃)でほったらかす 10分 →

パン生地の中のガスをぬき、分割して、丸めます。

1

生地をまな板の上に取り出し、両手でパン生地を押さえてパンの中のガスをぬく。静かにやさしく丸め直す。生地をひっぱりすぎない。ガスは完璧にぬこうとしなくていい。

2

平らな円にして、4分割したらそれぞれ丸める。

3

さらに4分割し、16個にカットする。

> 少しくらい大きさの違いがあっても大丈夫。
> 1個1個を正確に同じ大きさにするよりも生地をできるだけ傷つけず、手早く作業して、生地を乾燥させない方が大事！

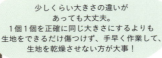

4

分割の際に、カットされた部分を綴じる。

5

断面を隠すように丸める。

> ここでは、綴じ目をしっかり綴じなくても、まん丸にならなくても大丈夫。カットされた部分が綴じられればOK。

(中央)
いわゆるベンチタイムです。

16個の生地をまな板の上に並べ、湿らしてきつく絞った布巾を被せておく。

step 3
ガスぬき＆丸め直す 5分

パン生地の中のガスをぬき、丸く整え、パンの型に入れます。

1

> 中に具材を入れるときはここで入れます。

まな板の上で綴じ目を上に生地を置き、軽くたたくようにしてガスをぬき、平らな円にする。

2

生地の両端をくっつけていく。ここでは綴じ目をしっかり綴じて、丸く整える。

3

きれいな綴じ目を作り、綴じ目を下にして型に入れる。

～SQUARE TYPE～
BASIC

冷蔵庫でほったらかす 　**8〜14時間**

> 時間が多少ずれても大丈夫。

きつく絞ったぬれ布巾をかけて、
ビニール袋に入れて口を縛ります。
冷蔵庫に入れて、ほうっておきます。

1

型ごと、きつく絞ったぬれ布巾をかける。

> いわゆる2次発酵です。

2

ビニール袋に入れて口を縛る。
冷蔵庫に入れて、ほうっておく。

冷蔵庫でゆっくり

冷蔵庫の温度は、10℃前後を基準にしています。膨らみすぎてしまったり、膨らまなかった場合は、温度を確認してください。

step 4
18分焼く

200℃に予熱しておいたオーブンで18分焼きます。

> 膨らみが足りない場合は冷蔵庫から出して、少し室温に置いておくといいです。

Backe Basic bread

> オーブンの機種によってパワーの差があります。200℃で18分焼いても焼き色がつかなかった場合は210℃で。焼き色がつきすぎてしまった場合は190℃で、と温度を調整して焼いてみてください。

冷凍保存もできます

冷凍保存しても味が落ちないのが、Backeのパンの特徴です。食べる分だけラップで包み、保存袋に入れて冷凍庫へ。食べるときは自然解凍がベスト。

この基本生地を他のページのレシピで使い回し！

本書の他ページのレシピも、この基本生地をアレンジしたものです。

— SQUARE TYPE —

グラハム粉ちぎりパン

強力粉にグラハム粉をざっくり混ぜるだけで、見た目も食感もガラリと違うちぎりパンが作れます。
グラハム粉の代わりにライ麦粉、全粒粉等でもOKです。

¥134

材料
(約20×20cmスクウェア型　1型分)

強力粉 … 250g
グラハム粉 … 40g
砂糖 … 大さじ1
塩 … 小さじ1
インスタントドライイースト
　　　　　… 小さじ1/2
ぬるま湯(35℃前後) … 180cc
バターかマーガリン … 5g

つける用

グラハム粉 … 適量

作り方

1. ボウルに計量した強力粉をふるい入れ、グラハム粉をざっくりと混ぜた後(a,b)、塩と砂糖を離して入れる。ボウルを傾け、砂糖をめがけて、ぬるま湯をそそぎイーストを振り入れ、指で溶かすように混ぜ合わせていく。途中、バターを加え、ボウルの中でひとまとまりになったら台の上で生地がなめらかになるまでこねる。ボウルに入れ、ラップをする。

　》》》 25℃で90分間ほったらかし

2. 指でそっと押して跡が残れば、生地を台の上に取り出し、丸め直しながらガスをぬき16等分する。それぞれを丸め直した後、きつく絞ったぬれ布巾をかける。

　》》》 10分間ほったらかし

3. 生地を手で押さえながら平らにし、丸め直し、表面にグラハム粉をつけ、綴じ目を下にして型に入れ、ぬれ布巾をかける。型ごとポリ袋に入れて口を縛る。

　冷蔵庫に8〜14時間

4. 8〜14時間たったら、ポリ袋と布巾をはずし、200℃に予熱しておいたオーブンで約18分焼く。

a 　b

グラハム粉は強力粉と混ぜてから一緒にこねる。

― SQUARE TYPE ―

バンズ風ちぎりパン

お店で食べるハンバーガーよりも小ぶりなバンズが一気に9個できあがります。
丸めた生地は上から押さえつけない方が、かわいく焼きあがります。

¥103

材料
（約20×20cmスクウェア型　1型分）

強力粉 … 280g
砂糖 … 大さじ1
塩 … 小さじ1
インスタントドライイースト
　　… 小さじ1/2
ぬるま湯（35℃前後）… 180cc
バターかマーガリン … 5g

振りかける用
白ごま … 適量

作り方

1. ボウルに計量した粉をふるい入れ、塩と砂糖を離して入れる。ボウルを傾け、砂糖をめがけて、ぬるま湯をそそぎイーストを振り入れ、指で溶かすように混ぜ合わせていく。途中、バターを加え、ボウルの中でひとまとまりになったら台の上で生地がなめらかになるまでこねる。ボウルに入れ、ラップをする。

　》》》 25℃で90分間ほったらかし

2. 指でそっと押して跡が残れば、生地を台の上に取り出し、丸め直しながらガスをぬき9等分する。それぞれを丸め直した後、きつく絞ったぬれ布巾をかける。

　》》》 10分間ほったらかし

3. 生地を手で押さえながら平らにし、丸め直し、綴じ目を下にして型に入れ（a）、ぬれ布巾をかける。型ごとポリ袋に入れて口を縛る。

　　冷蔵庫に8〜14時間

4. 8〜14時間たったら、ポリ袋と布巾をはずし（b）、お好みで白ごまをのせ（c）、200℃に予熱しておいたオーブンで約18分焼く。

生地同士の側面が
1〜1.5cm
くっついたら完了。

a

b

c

― SQUARE TYPE ―

ちぎりコッペパン〜プレーン〜

意外に難しいコッペパンの形が、型を使うとサイドがまっすぐに焼きあがるので安心。
めん棒を使って、縦の長さはしっかり出して、生地の厚みを揃えるのがポイント。

材料
(約20×20cmスクウェア型　1型分)

強力粉 … 280g
砂糖 … 大さじ1
塩 … 小さじ1
インスタントドライイースト
　　… 小さじ1/2
ぬるま湯(35℃前後) … 180cc
バターかマーガリン … 5g

作り方

1　ボウルに計量した粉をふるい入れ、塩と砂糖を離して入れる。ボウルを傾け、砂糖をめがけて、ぬるま湯をそそぎイーストを振り入れ、指で溶かすように混ぜ合わせていく。途中、バターを加え、ボウルの中でひとまとまりになったら台の上で生地がなめらかになるまでこねる。ボウルに入れ、ラップをする。

》》》 25℃で90分間ほったらかし

2　指でそっと押して跡が残れば、生地を台の上に取り出し、丸め直しながらガスをぬき3等分する(**a**)。それぞれを丸め直した後、きつく絞ったぬれ布巾をかける。

》》》 10分間ほったらかし

3　生地を手で押さえながら平らにし、めん棒で約10×20cmの楕円形にして(**b**)、両端を真ん中に折り(**c**,**d**)、生地を綴じ(**e**)、綴じ目を下にして型に入れ(**f**)、ぬれ布巾をかける。型ごとポリ袋に入れて口を縛る。

▪ 冷蔵庫に8〜14時間

4　8〜14時間たったら、ポリ袋と布巾をはずし、200℃に予熱しておいたオーブンで約18分焼く。

a
b
c
d
e
f

―SQUARE TYPE―

小麦胚芽ちぎりコッペパン

ビタミンやミネラルがたっぷりなうえに、赤茶色の生地は
おしゃれなサンドイッチ作りに大活躍しますよ。今回使ったのはローストした小麦胚芽です。

¥214

材料
(約20×20cmスクウェア型 1型分)

強力粉 … 250g
小麦胚芽 … 40g
砂糖 … 大さじ1
塩 … 小さじ1
インスタントドライイースト
　　… 小さじ1/2
ぬるま湯(35℃前後) … 180cc
バターかマーガリン … 5g

作り方

1 ボウルに計量した強力粉をふるい入れ、小麦胚芽をざっくりと混ぜた後、塩と砂糖を離して入れる。ボウルを傾け、砂糖をめがけて、ぬるま湯をそそぎイーストを振り入れ、指で溶かすように混ぜ合わせていく。途中、バターを加え、ボウルの中でひとまとまりになったら台の上で生地がなめらかになるまでこねる。ボウルに入れ、ラップをする。

>>> 25℃で90分間ほったらかし

2 指でそっと押して跡が残れば、生地を台の上に取り出し、丸め直しながらガスをぬき3等分する。それぞれを丸め直した後、きつく絞ったぬれ布巾をかける。

>>> 10分間ほったらかし

3 生地を手で押さえながら平らにし、めん棒で約10×20cmの楕円形にして、両端を真ん中に折り、生地を綴じ、綴じ目を下にして型に入れ、ぬれ布巾をかける。型ごとポリ袋に入れて口を縛る。

（綴じ方はp.25を参照。）

■ 冷蔵庫に8〜14時間

4 8〜14時間たったら、ポリ袋と布巾をはずし、200℃に予熱しておいたオーブンで約18分焼く。

-SQUARE TYPE-

レーズンちぎりコッペパン

成形のときにレーズンがかたよらず、生地全体にまんべんなく広がっているかチェックして！
生地の表面にレーズンが飛び出していると焦げてしまうので注意。

¥231

材料
（約20×20cmスクウェア型　1型分）

強力粉 … 280g
砂糖 … 大さじ1
塩 … 小さじ1
インスタントドライイースト
　　… 小さじ1/2
ぬるま湯（35℃前後）… 180cc
バターかマーガリン … 5g
レーズン … 80g

作り方

1 ボウルに計量した粉をふるい入れ、塩と砂糖を離して入れる。ボウルを傾け、砂糖をめがけて、ぬるま湯をそそぎイーストを振り入れ、指で溶かすように混ぜ合わせていく。途中、バターを加え、ボウルの中でひとまとまりになったら台の上で生地がなめらかになるまでこねる。ボウルにレーズンを数回に分けて入れ、そこに生地を押しつけるようにして、混ぜ込んでいく（**a**, **b**）。ボウルに入れ、ラップをする。

　》》》 25℃で90分間ほったらかし

2 指でそっと押して跡が残れば、生地を台の上に取り出し、丸め直しながらガスをぬき3等分する。それぞれを丸め直した後、きつく絞ったぬれ布巾をかける。

　》》》 10分間ほったらかし

3 生地を手で押さえながら平らにし、めん棒で約10×20cmの楕円形にして、両端を真ん中に折り、生地を綴じ、綴じ目を下にして型に入れ、ぬれ布巾をかける。型ごとポリ袋に入れて口を縛る。

綴じ方はp.25を参照。

　■ 冷蔵庫に8～14時間

4 8～14時間たったら、ポリ袋と布巾をはずし、200℃に予熱しておいたオーブンで約18分焼く。

a ボウルにレーズンを数回に分けて入れ、そこに生地を押しつける。

b レーズンがついた面を包み込むようにして、混ぜ込んでいく。これを数回繰り返す。

— SQUARE TYPE —

クルミいちじくちぎりコッペパン

クルミはフライパンで炒っておくと格段においしくなるので忘れずに。
いちじくは力強く混ぜ込むとつぶれて生地がベタつくので、優しく均一に混ぜ込んでください。

¥351

材料
（約20×20cmスクウェア型　1型分）

強力粉 … 280g
砂糖 … 大さじ1
塩 … 小さじ1
インスタントドライイースト
　　… 小さじ1/2
ぬるま湯（35℃前後）… 180cc
バターかマーガリン … 5g
クルミ … 40g
ドライいちじく … 40g

下準備
クルミはフライパンで軽く炒り、細かくしておく。いちじくは小さめに刻んでおく。

a　ボウルにクルミといちじくを数回に分けて入れ、そこに生地を押しつける。

b　クルミといちじくがついた面を包み込むようにして、混ぜ込んでいく。これを数回繰り返す。

作り方

1　ボウルに計量した粉をふるい入れ、塩と砂糖を離して入れる。ボウルを傾け、砂糖をめがけて、ぬるま湯をそそぎイーストを振り入れ、指で溶かすように混ぜ合わせていく。途中、バターを加え、ボウルの中でひとまとまりになったら台の上で生地がなめらかになるまでこねる。ボウルにクルミといちじくを数回に分けて入れ、そこに生地を押しつけるようにして、混ぜ込んでいく（a, b）。ボウルに入れ、ラップをする。

》》 25℃で90分間ほったらかし

2　指でそっと押して跡が残れば、生地を台の上に取り出し、丸め直しながらガスをぬき4等分する。それぞれを丸め直した後、きつく絞ったぬれ布巾をかける。

》》 10分間ほったらかし

3　生地を手で押さえながら平らにし、めん棒で約8×20cmの楕円形にして、両端を真ん中に折り、生地を綴じ、綴じ目を下にして型に入れ、ぬれ布巾をかける。型ごとポリ袋に入れて口を縛る。

■ 冷蔵庫に8〜14時間

綴じ方はp.25を参照。

4　8〜14時間たったら、ポリ袋と布巾をはずし、200℃に予熱しておいたオーブンで約18分焼く。

― SQUARE TYPE ―

抹茶きな粉ちぎりコッペパン

甘納豆はつぶれやすいので成形時に加えるのがポイントです。
水気のあるタイプの場合は、キッチンペーパーで水気をしっかり切って使ってください。

¥286

材料
（約20×20cmスクウェア型　1型分）

強力粉 … 270g
抹茶 … 大さじ1
砂糖 … 大さじ1
塩 … 小さじ1
インスタントドライイースト
　　… 小さじ1/2
ぬるま湯（35℃前後）… 180cc
バターかマーガリン … 5g
しっとり甘納豆 … 80g

振りかける用
きな粉 … 適量

作り方

1　ボウルに計量した強力粉をふるい入れ、抹茶をざっくりと混ぜた後、塩と砂糖を離して入れる。ボウルを傾け、砂糖をめがけて、ぬるま湯をそそぎイーストを振り入れ、指で溶かすように混ぜ合わせていく。途中、バターを加え、ボウルの中でひとまとまりになったら台の上で生地がなめらかになるまでこねる。ボウルに入れ、ラップをする。

》》25℃で90分間ほったらかし

2　指でそっと押して跡が残れば、生地を台の上に取り出し、丸め直しながらガスをぬき4等分する。それぞれを丸め直した後、きつく絞ったぬれ布巾をかける。

》》10分間ほったらかし

3　生地を手で押さえながら平らにし、めん棒で約8×20cmの楕円形にして（a）、甘納豆を並べて置く（b）。両端を真ん中に折り（c）、生地を綴じ（d）、綴じ目を下にして型に入れ、ぬれ布巾をかける。型ごとポリ袋に入れて口を縛る。

冷蔵庫に8～14時間

4　8～14時間たったら、ポリ袋と布巾をはずし、茶こしで軽くきな粉を振り、200℃に予熱しておいたオーブンで約18分焼く。

— SQUARE TYPE —

クープ入りちぎりコッペパン

クープ（切れ目）を入れる前に粉を均一に振ることで、見た目の良さだけでなく、表面のベタつきをなくして作業がしやすくなります。よく切れるナイフで素早く一気に切りましょう。

¥103

材料
（約20×20cmスクウェア型 1型分）

強力粉 … 280g
砂糖 … 大さじ1
塩 … 小さじ1
インスタントドライイースト
　… 小さじ1/2
ぬるま湯(35℃前後) … 180cc
バターかマーガリン … 5g

振りかける用
強力粉 … 適量

作り方

1 ボウルに計量した粉をふるい入れ、塩と砂糖を離して入れる。ボウルを傾け、砂糖をめがけて、ぬるま湯をそそぎイーストを振り入れ、指で溶かすように混ぜ合わせていく。途中、バターを加え、ボウルの中でひとまとまりになったら台の上で生地がなめらかになるまでこねる。ボウルに入れ、ラップをする。

》》》 25℃で90分間ほったらかし

2 指でそっと押して跡が残れば、生地を台の上に取り出し、丸め直しながらガスをぬき4等分する。それぞれを丸め直した後、きつく絞ったぬれ布巾をかける。

》》》 10分間ほったらかし

3 生地を手で押さえながら平らにし、めん棒で約8×20cmの楕円形にして、両端を真ん中に折り、生地を綴じ、綴じ目を下にして型に入れ、ぬれ布巾をかける。型ごとポリ袋に入れて口を縛る。

冷蔵庫に8〜14時間

4 8〜14時間たったら、ポリ袋と布巾をはずし、オーブンに入れる直前に粉を振り（**a**）、クープナイフとキッチンバサミで切り込みを入れ（**b, c, d**）、200℃に予熱しておいたオーブンで約18分焼く。

茶こしを二重にして使うと便利。100円ショップのものでも十分。

a
ほんの少しずつを何度も振りかける。

普通のナイフでも大丈夫。

b
斜めに平行に切り目を入れる。

c

d
キッチンバサミを横に動かして切っていく。

― SQUARE TYPE ―

ミニコーンパン

焼きあがったときにコーンがこぼれ落ちないように、コーンをのせる前に生地をへこませて、コーンをしっかり押しつけるのがポイントです。箸を使うと便利です。

¥139

材料
（約20×20cmスクウェア型　1型分）

強力粉 … 200g
砂糖 … 大さじ1
塩 … 小さじ1
インスタントドライイースト
　　　… 小さじ1/2
ぬるま湯(35℃前後) … 125cc
バターかマーガリン … 5g

> 基本の材料と粉の量が違います。

具材
◆ コーン(缶詰) … 50g
◆ マヨネーズ … 20g
◆ 黒こしょう … 適量

下準備
コーンはザルにあげた後、キッチンペーパーで押さえ、水気を切る。マヨネーズと混ぜ、黒こしょうを振っておく。

作り方

1 ボウルに計量した粉をふるい入れ、塩と砂糖を離して入れる。ボウルを傾け、砂糖をめがけて、ぬるま湯をそそぎイーストを振り入れ、指で溶かすように混ぜ合わせていく。途中、バターを加え、ボウルの中でひとまとまりになったら台の上で生地がなめらかになるまでこねる。ボウルに入れ、ラップをする。

>>> 25℃で90分間ほったらかし

2 指でそっと押して跡が残れば、生地を台の上に取り出し、丸め直しながらガスをぬき8等分する。それぞれを丸め直した後、きつく絞ったぬれ布巾をかける。

>>> 10分間ほったらかし

3 生地を手で押さえながら平らにし、めん棒で約5×10cmの楕円形にして(**a**)、両端を真ん中に折り(**b**)、生地を綴じ(**c**)、綴じ目を下にして型に入れる。手で軽く押さえ(**d**)、コーン(◆)をのせ(**e**)、ぬれ布巾をかける。型ごとポリ袋に入れて口を縛る。

冷蔵庫に8〜14時間

4 8〜14時間たったら、ポリ袋と布巾をはずし、200℃に予熱しておいたオーブンで約18分焼く。

めん棒で楕円形にする。
a

b

c

d
指でコーンをのせるくぼみをつける。

e

ミニコロッケパン
ミニホットドック

コロッケの具材はあらかじめ作っておいて
たわら型にしておくと断然包みやすくなります。
ウインナーは生地にのせたら、
しっかり上から押さえてあげましょう。

SQUARE TYPE

¥224 ミニコロッケパン

材料（約20×20cmスクウェア型　1型分）

基本の材料と粉の量が違います。

- 強力粉 … 200g
- 砂糖 … 大さじ1
- 塩 … 小さじ1
- インスタントドライイースト … 小さじ1/2
- ぬるま湯(35℃前後) … 125cc
- バターかマーガリン … 5g

具材

- ◆ じゃがいも … 100g
- ◆ 牛乳 … 20g
- ◆ ハム … 20g
- ◆ 塩・こしょう … 適量
- ◆ ドライパセリ … 適量
- パン粉 … 約5g
- サラダ油 … 小さじ1

下準備

じゃがいもはゆでてつぶし、牛乳と1cm角に切ったハム、パセリとあわせ、塩・こしょうで味を調える。8等分して1個ずつたわら型にラップに包んでおく（**a**）。

作り方

1. ボウルに計量した粉をふるい入れ、塩と砂糖を離して入れる。ボウルを傾け、砂糖をめがけて、ぬるま湯をそそぎイーストを振り入れ、指で溶かすように混ぜ合わせていく。途中、バターを加え、ボウルの中でひとまとまりになったら台の上で生地がなめらかになるまでこねる。ボウルに入れ、ラップをする。

    ▷▷▷ **25℃で90分間ほったらかし**

2. 指でそっと押して跡が残れば、生地を台の上に取り出し、丸め直しながらガスをぬき8等分する。それぞれを丸め直した後、きつく絞ったぬれ布巾をかける。

    ▷▷▷ **10分間ほったらかし**

    手で伸ばしても大丈夫。

3. 生地を手で押さえながら平らにし、めん棒で直径約10cmの円にして、ラップに包んでおいた具材（◆）をのせて（**b**）包み込むように生地を綴じ（**c,d**）、表面にパン粉をつけ（**e**）、綴じ目を下にして型に入れ、ぬれ布巾をかける。型ごとポリ袋に入れて口を縛る。

    ▷▷▷ **冷蔵庫に8〜14時間**

4. 8〜14時間たったら、ポリ袋と布巾をはずし、オーブンに入れる直前にサラダ油をうっすら塗り（**f**）、200℃に予熱しておいたオーブンで約18分焼く。

¥335 ミニホットドック

材料（約20×20cmスクウェア型　1型分）

基本の材料と粉の量が違います。

- 強力粉 … 200g
- 砂糖 … 大さじ1
- 塩 … 小さじ1
- インスタントドライイースト … 小さじ1/2
- ぬるま湯(35℃前後) … 125cc
- バターかマーガリン … 5g
- ウインナー … 8本

トッピング

- マスタード … 適量

作り方

1. ボウルに計量した粉をふるい入れ、塩と砂糖を離して入れる。ボウルを傾け、砂糖をめがけて、ぬるま湯をそそぎイーストを振り入れ、指で溶かすように混ぜ合わせていく。途中、バターを加え、ボウルの中でひとまとまりになったら台の上で生地がなめらかになるまでこねる。ボウルに入れ、ラップをする。

    ▷▷▷ **25℃で90分間ほったらかし**

2. 指でそっと押して跡が残れば、生地を台の上に取り出し、丸め直しながらガスをぬき8等分する。それぞれを丸め直した後、きつく絞ったぬれ布巾をかける。

    ▷▷▷ **10分間ほったらかし**

3. 生地を手で押さえながら平らにし、めん棒で約5×10cmの楕円形にして、両端を真ん中に折り、生地を綴じ、綴じ目を下にして型に入れる。くぼみを付け、ウインナーを生地にうめこみ、ぬれ布巾をかける。型ごとポリ袋に入れて口を縛る。

    ▷▷▷ **冷蔵庫に8〜14時間**

4. 8〜14時間たったら、ポリ袋と布巾をはずし、もう1度ウインナーを軽く押し込み（**a**）、200℃に予熱しておいたオーブンで約18分焼く。

5. 粗熱がとれてから、マスタードをかける。

パウンド型で焼いてみましょう

元気いっぱいにふんわりと焼きあがります。高さが出るのも特徴です。
おかずパンでも、おやつパンでも、がっつり食べたいときにおすすめのボリュームです。
ふわふわで、食感も軽いので、食べすぎにはご注意を！

POUND TYPE

chapter
2

~POUND TYPE~

パウンド型ふんわりちぎりパン

他の型で焼くよりも、ボリュームが出て、ふんわり感のあるちぎりパンが焼きあがります。
そのつどオーブンペーパーを使えば型は何度か使えるので、経済的なのも魅力です。

材料
（約19×9×高さ4cm 紙製パウンド型 2型分）

強力粉 … 280g
砂糖 … 大さじ1
塩 … 小さじ1
インスタントドライイースト
　　… 小さじ1/2
ぬるま湯(35℃前後) … 180cc
バターかマーガリン … 5g

作り方

1 ボウルに計量した粉をふるい入れ、塩と砂糖を離して入れる。ボウルを傾け、砂糖をめがけて、ぬるま湯をそそぎイーストを振り入れ、指で溶かすように混ぜ合わせていく。途中、バターを加え、ボウルの中でひとまとまりになったら台の上で生地がなめらかになるまでこねる。ボウルに入れ、ラップをする。

　》》》 25℃で90分間ほったらかし

2 指でそっと押して跡が残れば、生地を台の上に取り出し、丸め直しながらガスをぬき6等分する。それぞれを丸め直した後、きつく絞ったぬれ布巾をかける。

　》》》 10分間ほったらかし

3 生地を手で押さえながら平らにし、丸め直し、綴じ目を下にして3個ずつ型に入れ、ぬれ布巾をかける。型ごとポリ袋に入れて口を縛る。

　■ 冷蔵庫に8〜14時間

4 8〜14時間たったら、ポリ袋と布巾をはずし、200℃に予熱しておいたオーブンで約18分焼く。

早めにセットしておくと慌てなくて安心です。

〈オーブンペーパーの敷き方（各レシピ共通）〉

ケーキと違って生地がゆるくないので、簡単に敷くだけで大丈夫。

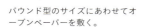

パウンド型のサイズにあわせてオーブンペーパーを敷く。

オーブンペーパーの端を外側に折り込む。

カマンベール黒ごまちぎりパン
オレオマーブルちぎりパン

ごまの香ばしさとカマンベールチーズが合います。
黒こしょうはピリッと大人な多めがおすすめですが、
お子さまが食べるときには控えめに。
オレオは事前に手で砕いておきますが、少し粗いくらいが
マーブル模様も食感も出ておいしいです。

-POUND TYPE-

カマンベール黒ごまちぎりパン

材料
（約19×9×高さ4cm 紙製パウンド型 2型分）

強力粉 … 280g
砂糖 … 大さじ1
塩 … 小さじ1
インスタントドライイースト … 小さじ1/2
ぬるま湯(35℃前後) … 180cc
バターかマーガリン … 5g
黒ごま … 大さじ2

具材
◆ カマンベールチーズ … 50g
◆ 黒こしょう … 適宜

下準備
カマンベールチーズを6等分し、黒こしょうを振りかけておく。

作り方

1 ボウルに計量した粉をふるい入れ、塩と砂糖を離して入れる。ボウルを傾け、砂糖をめがけて、ぬるま湯をそそぎイーストを振り入れ、指で溶かすように混ぜ合わせていく。途中、バターを加え、ボウルの中でひとまとまりになったら台の上で生地がなめらかになるまでこねる。仕上げに黒ごまを混ぜ込む。ボウルに入れ、ラップをする。

》》 25℃で90分間ほったらかし

黒ごまの混ぜ方はp.27のレーズンと同じ。

2 指でそっと押して跡が残れば、生地を台の上に取り出し、丸め直しながらガスをぬき6等分する。それぞれを丸め直した後、きつく絞ったぬれ布巾をかける。

》》 10分間ほったらかし

綴じ方はp.33を参照。

3 生地を手で押さえながら平らにし、めん棒で直径約10cmの円にして、カマンベールチーズ（◆）を包み込むように丸め、綴じ目を下にして3個ずつ型に入れ、ぬれ布巾をかける。型ごとポリ袋に入れて口を縛る。

▪ 冷蔵庫に8～14時間

4 8～14時間たったら、ポリ袋と布巾をはずし、200℃に予熱しておいたオーブンで約18分焼く。

オレオマーブルちぎりパン

材料
（約19×9×高さ4cm 紙製パウンド型 2型分）

強力粉 … 280g
砂糖 … 大さじ1
塩 … 小さじ1
インスタントドライイースト … 小さじ1/2
ぬるま湯(35℃前後) … 180cc
バターかマーガリン … 5g
オレオ … 32g(3枚)

作り方

1 ボウルに計量した粉をふるい入れ、塩と砂糖を離して入れる。ボウルを傾け、砂糖をめがけて、ぬるま湯をそそぎイーストを振り入れ、指で溶かすように混ぜ合わせていく。途中、バターを加え、ボウルの中でひとまとまりになったら台の上で生地がなめらかになるまでこねる。仕上げに砕いたオレオを混ぜ込む(a,b)。ボウルに入れ、ラップをする。

》》 25℃で90分間ほったらかし

2 指でそっと押して跡が残れば、生地を台の上に取り出し、丸め直しながらガスをぬき8等分する。それぞれを丸め直した後、きつく絞ったぬれ布巾をかける。

》》 10分間ほったらかし

3 生地を手で押さえながら平らにし、丸め直し、綴じ目を下にして4個ずつ型に入れ、ぬれ布巾をかける。型ごとポリ袋に入れて口を縛る。

▪ 冷蔵庫に8～14時間

4 8～14時間たったら、ポリ袋と布巾をはずし、200℃に予熱しておいたオーブンで約18分焼く。

a　オレオをクリームごと砕く。

b　ボウルに砕いたオレオを数回に分けて入れ、そこに生地を押しつける。オレオがついた面を包み込むようにして、混ぜ込んでいく。これを数回繰り返す。

― POUND TYPE ―

ベリー&チーズロール

クリームは巻き込むときに滑りやすいので丁寧に巻き込んでくださいね。
ジャムは果肉の多い濃いものを使うと鮮やかな色がでます。
他のフルーツのジャムにかえてもおいしいですよ。

¥260

材料
（約19×9×高さ4cm
紙製パウンド型 2型分）

強力粉 … 280g
砂糖 … 大さじ1
塩 … 小さじ1
インスタントドライイースト
　　… 小さじ1/2
ぬるま湯（35℃前後） … 180cc
バターかマーガリン … 5g

ブルーベリークリーム
◆ クリームチーズ … 70g
◆ ブルーベリージャム … 15g
◆ グラニュー糖 … 10g

下準備
◆のクリームチーズとブルーベリージャム、グラニュー糖をよく混ぜておく。

作り方

1 ボウルに計量した粉をふるい入れ、塩と砂糖を離して入れる。ボウルを傾け、砂糖をめがけて、ぬるま湯をそそぎイーストを振り入れ、指で溶かすように混ぜ合わせていく。途中、バターを加え、ボウルの中でひとまとまりになったら台の上で生地がなめらかになるまでこねる。ボウルに入れ、ラップをする。

》》》 25℃で90分間ほったらかし

2 指でそっと押して跡が残れば、生地を台の上に取り出し、丸め直しながらガスをぬき2等分する。それぞれを丸め直した後、きつく絞ったぬれ布巾をかける。

》》》 10分間ほったらかし

3 生地を手で押さえながら平らにし、めん棒で約15×25cmの長方形に伸ばし、生地の端5cmを残し、クリーム（◆）をしきつめ（a）、端から生地を巻いていく（b,c）。4等分にカットして型に入れ（d,e,f）、ぬれ布巾をかける。型ごとポリ袋に入れて口を縛る。

冷蔵庫に8〜14時間

4 8〜14時間たったら、ポリ袋と布巾をはずし、200℃に予熱しておいたオーブンで約18分焼く。

a 端5cmを残し、クリームをしきつめる。

b 生地を巻いていく。

c 生地をつまむようにして綴じ目をしっかり綴じる。

d 生地を糸で4等分にカット。

e カットする際は糸を使うとつぶれずに切れる。

f 断面を上にして並べる。

~POUND TYPE~

コーヒーシュガーロール

お手軽なインスタントコーヒーが大活躍!
少しのシナモンパウダーも味の決め手です。
コーヒーアイシングは少し固いくらいがベストです。
パンがしっかり冷めてからアイシングをしましょう。

¥159

材料
（約19×9×高さ4cm
紙製パウンド型　2型分）

強力粉 … 280g
砂糖 … 大さじ1
塩 … 小さじ1
インスタントドライイースト
　　　… 小さじ1/2
ぬるま湯（35℃前後）… 180cc
バターかマーガリン … 5g

コーヒーシュガー
◆グラニュー糖 … 小さじ2
◆インスタントコーヒー … 小さじ1
◆シナモンパウダー … 少々

振りかける用
アーモンドスライス … 適量

コーヒーアイシング
◇粉糖 … 大さじ1
◇インスタントコーヒー … 小さじ1/2
◇水 … 小さじ1

下準備
◆のグラニュー糖とインスタントコーヒー、シナモンパウダーを合わせて混ぜておく。
◇の粉糖とインスタントコーヒー、水を合わせて混ぜておく。

作り方

1　ボウルに計量した粉をふるい入れ、塩と砂糖を離して入れる。ボウルを傾け、砂糖をめがけて、ぬるま湯をそそぎイーストを振り入れ、指で溶かすように混ぜ合わせていく。途中、バターを加え、ボウルの中でひとまとまりになったら台の上で生地がなめらかになるまでこねる。ボウルに入れ、ラップをする。

》》 **25℃で90分間ほったらかし**

2　指でそっと押して跡が残れば、生地を台の上に取り出し、丸め直しながらガスをぬき2等分する。それぞれを丸め直した後、きつく絞ったぬれ布巾をかける。

》》 **10分間ほったらかし**　　　詳細はp.38を参照。

3　生地を手で押さえながら平らにし、めん棒で約15×25cmの長方形に伸ばし、生地の端5cmを残し、コーヒーシュガー（◆）をしきつめ、端から生地を巻いていく。4等分にカットして型に入れ、ぬれ布巾をかける。型ごとポリ袋に入れて口を縛る。

■ **冷蔵庫に8〜14時間**

4　8〜14時間たったら、ポリ袋と布巾をはずし、お好みでアーモンドスライスをのせ、200℃に予熱しておいたオーブンで約18分焼く。

5　冷めたらコーヒーアイシング（◇）をかける（a）。

a

-POUND TYPE-

バターミルクロール

コンデンスミルクを使ったクリームが優しい甘みのなつかしくなるようなおやつパン。
粉糖はパンがしっかり冷めてから、茶こしを使って振りかけると
きれいに仕上がります。溶けない粉糖を使うと時間がたっても残ります。

¥300

材料
（約19×9×高さ4cm
紙製パウンド型　2型分）

強力粉 … 280g
砂糖 … 大さじ1
塩 … 小さじ1
インスタントドライイースト
　　… 小さじ1/2
ぬるま湯(35℃前後) … 180cc
バターかマーガリン … 5g

バターミルククリーム
◆ バター … 25g
◆ グラニュー糖 … 10g
◆ コンデンスミルク … 20g
◆ クランベリー … 60g

振りかける用
粉糖 … 適量

下準備
◆のバターとグラニュー糖、コンデンスミルクをよく混ぜておく。

作り方

1. ボウルに計量した粉をふるい入れ、塩と砂糖を離して入れる。ボウルを傾け、砂糖をめがけて、ぬるま湯をそそぎイーストを振り入れ、指で溶かすように混ぜ合わせていく。途中、バターを加え、ボウルの中でひとまとまりになったら台の上で生地がなめらかになるまでこねる。ボウルに入れ、ラップをする。

   》》25℃で90分間ほったらかし

2. 指でそっと押して跡が残れば、生地を台の上に取り出し、丸め直しながらガスをぬき2等分する。それぞれを丸め直した後、きつく絞ったぬれ布巾をかける。

   》》10分間ほったらかし　　　詳細はp.38を参照。

3. 生地を手で押さえながら平らにし、約15×25cmの長方形に伸ばす。生地の端5cmを残し、バターミルククリーム（◆）を塗り、クランベリーをしきつめ、端から生地を巻いていく。4等分にカットして型に入れ、ぬれ布巾をかける。型ごとポリ袋に入れて口を縛る。

   冷蔵庫に8〜14時間

4. 8〜14時間たったら、ポリ袋と布巾をはずし、200℃に予熱しておいたオーブンで約18分焼く。

5. 冷めたら粉糖をかける。

-POUND TYPE-

枝豆コーンパン

枝豆とチーズで栄養もたっぷり！ 具材を生地全体に
均等に広げると、断面も美しく、どこを食べても
枝豆やチーズの食感が楽しめます。

¥368

材料
（約19×9×高さ4cm
紙製パウンド型 2型分）

強力粉 … 280g
砂糖 … 大さじ1
塩 … 小さじ1
インスタントドライイースト
　　… 小さじ1/2
ぬるま湯（35℃前後）… 180cc
バターかマーガリン … 5g

具材
枝豆 … 90g
ハム … 2枚
コーン（缶詰）… 60g

トッピング
ピザ用チーズ … 20g

下準備
枝豆はさやから出して計量し、ハムは1cm角くらいになるように切っておく。コーンはザルにあげた後、キッチンペーパーで押さえ、水気を切っておく。

作り方

1　ボウルに計量した粉をふるい入れ、塩と砂糖を離して入れる。ボウルを傾け、砂糖をめがけて、ぬるま湯をそそぎイーストを振り入れ、指で溶かすように混ぜ合わせていく。途中、バターを加え、ボウルの中でひとまとまりになったら台の上で生地がなめらかになるまでこねる。ボウルに入れ、ラップをする。

≫ 25℃で90分間ほったらかし

2　指でそっと押して跡が残れば、生地を台の上に取り出し、丸め直しながらガスをぬき2等分する。それぞれを丸め直した後、きつく絞ったぬれ布巾をかける。

≫ 10分間ほったらかし

3　生地を手で押さえながら平らにし、約15×25cmの長方形に伸ばし、生地の端5cmを残し、具材をしきつめ（a）、端から生地を巻いていく（b）。綴じ目を下にして型に入れ、ぬれ布巾をかける。型ごとポリ袋に入れて口を縛る。

■ 冷蔵庫に8～14時間

4　8～14時間たったら、ポリ袋と布巾をはずし、オーブンに入れる直前にナイフで1本切り込みを入れ（c）、チーズをのせ（d）、200℃に予熱しておいたオーブンで約18分焼く。

a 具材をしきつめる。

b 生地を巻いていく。

c ナイフで1本切り込みを入れる。

d 切り込みに沿ってチーズをのせる。

-POUND TYPE-

ソーセージキャベツパン

千切りキャベツは細くしすぎると焦げやすくなるので、粗い千切りにするのが大事なポイント。電子レンジにかけると水気が出てくるので、キッチンペーパーでしっかり水気を切りましょう。生焼けの原因になります。

¥313

材料
（約19×9×高さ4cm
紙製パウンド型 2型分）

強力粉 … 280g
砂糖 … 大さじ1
塩 … 小さじ1
インスタントドライイースト
　… 小さじ1/2
ぬるま湯(35℃前後) … 180cc
バターかマーガリン … 5g

具材
ウインナーソーセージ … 4本
キャベツ … 100g
粒マスタード … 20g

トッピング
ケチャップ … 適量

下準備
キャベツは千切りにし、レンジにかける(500Wで1分)。粗熱がとれたら水気を切り、粒マスタードと和えておく。

作り方

1　ボウルに計量した粉をふるい入れ、塩と砂糖を離して入れる。ボウルを傾け、砂糖をめがけて、ぬるま湯をそそぎイーストを振り入れ、指で溶かすように混ぜ合わせていく。途中、バターを加え、ボウルの中でひとまとまりになったら台の上で生地がなめらかになるまでこねる。ボウルに入れ、ラップをする。

》》 25℃で90分間ほったらかし

2　指でそっと押して跡が残れば、生地を台の上に取り出し、丸め直しながらガスをぬき2等分する。それぞれを丸め直した後、きつく絞ったぬれ布巾をかける。

》》 10分間ほったらかし

3　生地を手で押さえながら平らにし、約15×25cmの長方形に伸ばす。生地の端5cmを残し、キャベツをしきつめ、端にウインナーソーセージを2本並べて置き(a)、端から生地を巻いていく(b)。綴じ目を下にして型に入れ、ぬれ布巾をかける。型ごとポリ袋に入れて口を縛る。

▣ 冷蔵庫に8〜14時間

4　8〜14時間たったら、ポリ袋と布巾をはずし、オーブンに入れる直前にナイフで1本切り込みを入れ(c)、ケチャップをかけて(d)、200℃に予熱しておいたオーブンで約18分焼く。

-POUND TYPE-

カレーチーズパン

作っているときからカレーの香りに
食欲がそそられます。
具材は大きさを揃えると巻きやすく、
食感も味わいも整っておいしくなります。

¥407

材料
（約19×9×高さ4cm
紙製パウンド型　2型分）

強力粉 … 280g
カレー粉 … 大さじ1
砂糖 … 大さじ1
塩 … 小さじ1
インスタントドライイースト
　　… 小さじ1/2
ぬるま湯(35℃前後) … 180cc
バターかマーガリン … 5g

具材
プロセスチーズ … 60g
玉ねぎ … 60g
ウインナーソーセージ … 60g
カレー粉 … 小さじ1

トッピング
ピザ用チーズ … 20g

振りかける用
ドライパセリ … 適量

下準備
チーズと玉ねぎは1cm角に切り、ウインナーソーセージは5mm幅の輪切りにし、カレー粉と和えておく。

作り方

1　ボウルに計量した強力粉をふるい入れ、カレー粉をざっくりと混ぜた後、塩と砂糖を離して入れる。ボウルを傾け、砂糖をめがけて、ぬるま湯をそそぎイーストを振り入れ、指で溶かすように混ぜ合わせていく。途中、バターを加え、ボウルの中でひとまとまりになったら台の上で生地がなめらかになるまでこねる。ボウルに入れ、ラップをする。

》》》 25℃で90分間ほったらかし

2　指でそっと押して跡が残れば、生地を台の上に取り出し、丸め直しながらガスをぬき2等分する。それぞれを丸め直した後、きつく絞ったぬれ布巾をかける。

》》》 10分間ほったらかし

3　生地を手で押さえながら平らにし、約15×25cmの長方形に伸ばし、生地の端5cmを残し、具材をしきつめ(**a**)、端から生地を巻いていく(**b**)。綴じ目を下にして型に入れ(**c**)、ぬれ布巾をかける。型ごとポリ袋に入れて口を縛る。

冷蔵庫に8〜14時間

4　8〜14時間たったら、ポリ袋と布巾をはずし、オーブンに入れる直前にナイフで1本切り込みを入れ、チーズをのせ(**d**)、200℃に予熱しておいたオーブンで約18分焼く。

5　お好みでパセリをのせる。

綴じ目を下にして型に入れる。

a 　b 　c 　d

-POUND TYPE-

白ごまツイスト

白ごまは混ぜ込む前にフライパンで香りが出るまで炒ると
更においしくなるので1度お試しあれ。
ねじるときは中途半端にしないでしっかりねじるときれいに仕上がります。

¥111

材料
（約19×9×高さ4cm 紙製パウンド型 2型分）

強力粉 … 280g
砂糖 … 大さじ1
塩 … 小さじ1
インスタントドライイースト
　　… 小さじ1/2
ぬるま湯(35℃前後) … 180cc
バターかマーガリン … 5g
白ごま … 大さじ2

白ごまの混ぜ方は p.27を参照。

作り方

1 ボウルに計量した粉をふるい入れ、塩と砂糖を離して入れる。ボウルを傾け、砂糖をめがけて、ぬるま湯をそそぎイーストを振り入れ、指で溶かすように混ぜ合わせていく。途中、バターを加え、ボウルの中でひとまとまりになったら台の上で生地がなめらかになるまでこねる。ボウルに白ごまを数回に分けて入れ、そこに生地を押しつけるようにして混ぜ込んでいく。ボウルに入れ、ラップをする。

　》》》 25℃で90分間ほったらかし

2 指でそっと押して跡が残れば、生地を台の上に取り出し、丸め直しながらガスをぬき4等分する。それぞれを丸め直した後、きつく絞ったぬれ布巾をかける。

　》》》 10分間ほったらかし

3 生地を手で押さえながら平らにし、めん棒で約10×25cmの楕円形にして(**a**)、生地の両端を真ん中に折って三つ折りにし(**b**)、生地をつまむようにして綴じ(**c**)、2本をクロスさせて(**d**)上下をねじる(**e,f**)。端をしっかりつまみ、型に入れ(**g**)、ぬれ布巾をかける。型ごとポリ袋に入れて口を縛る。

　■ 冷蔵庫に8～14時間

4 8～14時間たったら、ポリ袋と布巾をはずし、200℃に予熱しておいたオーブンで約18分焼く。

オーブンに入れる直前にナイフで薄くなぞってねじり目をつけるときれいに焼きあがる。

シナモンシュガーツイスト
シュガーツイスト

生地は低カロリータイプなのでドーナツ風ですが安心です。
シナモンシュガーツイストをきれいに仕上げるポイントは、最後のねじるときです。
切り口を上にしてしっかりねじると模様がきれいに出てきます。

-POUND TYPE-

シナモンシュガーツイスト

材料
（約19×9×高さ4cm 紙製パウンド型 2型分）

強力粉 … 280g
砂糖 … 大さじ1
塩 … 小さじ1
インスタントドライイースト … 小さじ1/2
ぬるま湯(35℃前後) … 180cc
バターかマーガリン … 5g
マーガリン … 20g
黒糖 … 20g
シナモンパウダー … 小さじ1

¥196

作り方

1 ボウルに計量した粉をふるい入れ、塩と砂糖を離して入れる。ボウルを傾け、砂糖をめがけて、ぬるま湯をそそぎイーストを振り入れ、指で溶かすように混ぜ合わせていく。途中、バターを加え、ボウルの中でひとまとまりになったら台の上で生地がなめらかになるまでこねる。ボウルに入れ、ラップをする。

　　≫ 25℃で90分間ほったらかし

2 指でそっと押して跡が残れば、生地を台の上に取り出し、丸め直しながらガスをぬき2等分する。それぞれを丸め直した後、きつく絞ったぬれ布巾をかける。

　　≫ 10分間ほったらかし

3 生地を手で押さえながら平らにし、めん棒で約20×20cmに伸ばす。生地の端5cmを残し、マーガリンを塗り、黒糖とシナモンパウダーをしきつめ(**a**)、端から生地を巻いていく(**b**)。綴じ目を下にして縦半分にカットし(**c,d**)、カットした面が上になるようにねじって(**e**)型に入れ(**f**)、ぬれ布巾をかける。型ごとポリ袋に入れて口を縛る。

　　■ 冷蔵庫に8～14時間

4 8～14時間たったら、ポリ袋と布巾をはずし、200℃に予熱しておいたオーブンで約18分焼く。

シュガーツイスト

材料
（約19×9×高さ4cm 紙製パウンド型 2型分）

強力粉 … 280g
砂糖 … 大さじ1
塩 … 小さじ1
インスタントドライイースト … 小さじ1/2
ぬるま湯(35℃前後) … 180cc
バターかマーガリン … 5g
トッピング
溶かしバター … 15g
グラニュー糖 … 大さじ2

¥138

作り方

1 ボウルに計量した粉をふるい入れ、塩と砂糖を離して入れる。ボウルを傾け、砂糖をめがけて、ぬるま湯をそそぎイーストを振り入れ、指で溶かすように混ぜ合わせていく。途中、バターを加え、ボウルの中でひとまとまりになったら台の上で生地がなめらかになるまでこねる。ボウルに入れ、ラップをする。

　　≫ 25℃で90分間ほったらかし

2 指でそっと押して跡が残れば、生地を台の上に取り出し、丸め直しながらガスをぬき4等分する。それぞれを丸め直した後、きつく絞ったぬれ布巾をかける。

　　≫ 10分間ほったらかし

3 生地を手で押さえながら平らにし、めん棒で約10×25cmの楕円形にして、両端を真ん中に折り、生地を綴じ、2本をクロスさせて上下にねじる。端をしっかりつまみ、型に入れ、ぬれ布巾をかける。型ごとポリ袋に入れて口を縛る。

> 生地のねじり方はp.45を参照。

　　■ 冷蔵庫に8～14時間

4 8～14時間たったら、ポリ袋と布巾をはずし、200℃に予熱しておいたオーブンで約18分焼く。

5 焼きたての熱いうちに溶かしバターを塗り(**a**)、粗熱がとれたらビニール袋にグラニュー糖を入れてまぶす(**b**)。

a　　　　b　　　　c　　　　a　　　　b

d　　　　e　　　　f

ホーローで焼いてみましょう

どのパンも脇のきゅっとしまった上品な焼きあがりになるのが、うれしい。パン作り初心者さんには強い味方かも？ 焼きあがって冷ました後は、型に入れて持ち運びができるのでお土産にしたいときに活躍します。

PORCELAIN

chapter

3

~PORCELAIN~

ホーロー型むっちりちぎりパン

ホーローで焼きあげるからうまれるむっちりとした独特の食感が魅力です。
サンドイッチにして、ふたをしてそのままランチにも持って行ける便利ちぎりパン。

材料
（外寸約18×12×高さ5cm　ホーロー　2台分）

強力粉 … 280g
砂糖 … 大さじ1
塩 … 小さじ1
インスタントドライイースト
　… 小さじ1/2
ぬるま湯(35℃前後) … 180cc
バターかマーガリン … 5g

> 高さがないホーローでは生地がふたにくっつくので、他の型と同じように、型ごとポリ袋に入れて口を縛る。

作り方

1　ボウルに計量した粉をふるい入れ、塩と砂糖を離して入れる。ボウルを傾け、砂糖をめがけて、ぬるま湯をそそぎイーストを振り入れ、指で溶かすように混ぜ合わせていく。途中、バターを加え、ボウルの中でひとまとまりになったら台の上で生地がなめらかになるまでこねる。ボウルに入れ、ラップをする。

》》》25℃で90分間ほったらかし

2　指でそっと押して跡が残れば、生地を台の上に取り出し、丸め直しながらガスをぬき12等分する。それぞれを丸め直した後(a)、きつく絞ったぬれ布巾をかける。

》》》10分間ほったらかし

3　生地を手で押さえながら平らにし(b,c)、丸め直し、綴じ目を下にして6個ずつ型に入れ(d)、付属のふたをする(e)。

■ 冷蔵庫に8～14時間

4　8～14時間たったら、ふたをはずし、200℃に予熱しておいたオーブンで約18分焼く。

> ふたをする場合は、ぬれ布巾はいらない。

a 分割の際に、カットされた部分を綴じ、断面を隠すように丸める。

b 綴じ目を上にして生地を置く。

c 軽くたたくようしてガスをぬき、平らな円にする。

d 生地はホーローの内側につけて並べる。

e ふたをする。

¥103

-PORCELAIN-

オレンジちぎりパン

オレンジピールが入ったさわやかな味わいです。
スライスオレンジを飾って見た目も華やかなこのパンは手土産にもぴったり！
ふたをして、持って行けるのがとっても便利です。

¥479

材料
（外寸約18×12×高さ5cm ホーロー 2台分）

強力粉 … 280g
砂糖 … 大さじ1
塩 … 小さじ1
インスタントドライイースト
　… 小さじ1/2
ぬるま湯（35℃前後）… 180cc
バターかマーガリン … 5g
ドライオレンジピール … 50g
シロップ漬けオレンジ（輪切り）
　… 2枚

振りかける用
ピスタチオ … 適量

下準備
ドライオレンジピールは、小さめに刻んでおく。シロップ漬けオレンジは1枚を6等分にしておく。ピスタチオは刻んでおく。

作り方

1　ボウルに計量した粉をふるい入れ、塩と砂糖を離して入れる。ボウルを傾け、砂糖をめがけて、ぬるま湯をそそぎイーストを振り入れ、指で溶かすように混ぜ合わせていく。途中、バターを加え、ボウルの中でひとまとまりになったら台の上で生地がなめらかになるまでこねる。ボウルにオレンジピールを数回に分けて入れ（a）、そこに生地を押しつけるようにして混ぜ込み（b）、ラップをする。

》》》 25℃で90分間ほったらかし

※オレンジピールの混ぜ方はp.27と同じ。

2　指でそっと押して跡が残れば、生地を台の上に取り出し、丸め直しながらガスをぬき12等分する。それぞれを丸め直した後、きつく絞ったぬれ布巾をかける。

》》》 10分間ほったらかし

3　生地を手で押さえながら平らにし、丸め直し、綴じ目を下にして6個ずつ型に入れ、シロップ漬けオレンジをのせ（c）、付属のふたをする。

■ 冷蔵庫に8〜14時間

4　8〜14時間たったら、ふたをはずし、オーブンに入れる直前にピスタチオを振り（d）、200℃に予熱しておいたオーブンで約18分焼く。

a
b
c
d

~PORCELAIN~

お好み焼き風ブレッド

生地が膨らみすぎないようにフォークで穴をあけるのがポイントです。
キャベツは焼くとかさが減るので、山盛りになっても心配いりません。
仕上げにかつお節と青のりをのせたらお好み焼きそっくりです。

¥131

材料
（外寸約18×12×高さ5cm　ホーロー　2台分）

強力粉 … 200g 〈基本の材料と粉の量が違います。〉
砂糖 … 大さじ1
塩 … 小さじ1
インスタントドライイースト … 小さじ1/2
ぬるま湯（35℃前後）… 125cc
バターかマーガリン … 5g
中濃ソース … 適量
キャベツ … 100g
紅しょうが … 適量
マヨネーズ … 適量

振りかける用
かつお節 … 適量
青のり … 適量

〈お好み焼き用ソースだとさらにおいしい。〉

下準備
キャベツは粗い千切りにする。型にオーブンペーパーを敷いておく。 〈生地を取り出しやすくするため。〉

作り方

1 ボウルに計量した粉をふるい入れ、塩と砂糖を離して入れる。ボウルを傾け、砂糖をめがけて、ぬるま湯をそそぎイーストを振り入れ、指で溶かすように混ぜ合わせていく。途中、バターを加え、ボウルの中でひとまとまりになったら台の上で生地がなめらかになるまでこねる。ボウルに入れ、ラップをする。

》》 25℃で90分間ほったらかし

2 指でそっと押して跡が残れば、生地を台の上に取り出し、丸め直しながらガスをぬき2等分する。それぞれを丸め直した後、きつく絞ったぬれ布巾をかける。

》》 10分間ほったらかし

3 生地を手で押さえながら平らにし、めん棒で型と同じ大きさまで伸ばし型に入れ(**a**)、フォークで全体に細かい穴をあけ(**b**)、付属のふたをする。

冷蔵庫に8〜14時間 〈前日はここまでしておく。〉

4 8〜14時間たったら、ふたをはずし、オーブンに入れる直前に表面にソースを塗り(**c**)、キャベツと紅しょうがをのせ(**d**)、200℃に予熱しておいたオーブンで約18分焼く。

5 粗熱がとれたらマヨネーズを絞り(**e**)、かつお節と青のりをかける。

a

b

c

d

e

~ PORCELAIN ~

キッシュ風ブレッド

パン生地を器のようにして具と卵液を流し込みます。
卵液が生地の外に流れ出てこないように、パン生地をホーローのふちに沿って立てて
器になるように伸ばしてくださいね。

¥295

生地が器になるよう、側面を高くするのがポイント！

作り方

1. ボウルに計量した粉をふるい入れ、塩と砂糖を離して入れる。ボウルを傾け、砂糖をめがけて、ぬるま湯をそそぎイーストを振り入れ、指で溶かすように混ぜ合わせていく。途中、バターを加え、ボウルの中でひとまとまりになったら台の上で生地がなめらかになるまでこねる。ボウルに入れ、ラップをする。

   》》》 25℃で90分間ほったらかし

2. 指でそっと押して跡が残れば、生地を台の上に取り出し、丸め直しながらガスをぬき2等分する。それぞれを丸め直した後、きつく絞ったぬれ布巾をかける。

   》》》 10分間ほったらかし

3. 生地を手で押さえながら平らにし、めん棒で型よりひと回り大きく伸ばす（a）。型に入れ（b）、底面にフォークで細かい穴をあけ（c）、具をのせる（d）。付属のふたをする。

   ▪ 冷蔵庫に8〜14時間

4. 8〜14時間たったら、ふたをはずし、オーブンに入れる直前にキッシュ液を流し入れ（e）、粉チーズをのせ200℃に予熱しておいたオーブンで約18分焼く。

5. お好みでドライパセリをのせる。

材料
（外寸約18×12×高さ5cm ホーロー 2台分）

強力粉 … 200g
砂糖 … 大さじ1
塩 … 小さじ1
インスタントドライイースト
　… 小さじ1/2
ぬるま湯（35℃前後）… 125cc
バターかマーガリン … 5g

基本の材料と粉の量が違います。

ツナ缶（1缶分）… 70g
玉ねぎ … 1/4個
キッシュ液
◆ 牛乳 … 20g
◆ 卵 … 1個
◆ 塩・こしょう … 適量
振りかける用
粉チーズ … 小さじ2
ドライパセリ … 適量

下準備
ツナ缶は油を切る。玉ねぎはスライスし、ツナと合わせておく。キッシュ液（◆）はよく混ぜ合わせておく。型にオーブンペーパーを敷いておく。

前日はここまでしておく。

a	b	c	d	e

- PORCELAIN -

ふんわりダブルソフト風

きれいなバランスのダブルソフトにするには、
ちゃんと全体の重さを計り、均等に分割し、生地の厚みを揃えて
同じ太さに成形するときれいに焼きあがります。

¥78

このレシピは生地が盛り上がるので、付属のふたは使用しない。

材料
（外寸約18×12×高さ5cm ホーロー 1台分）

強力粉 … 200g
砂糖 … 大さじ1
塩 … 小さじ1
インスタントドライイースト
　… 小さじ1/2
ぬるま湯（35℃前後）… 125cc
バターかマーガリン … 5g

基本の材料と粉の量が違います。

作り方

1　ボウルに計量した粉をふるい入れ、塩と砂糖を離して入れる。ボウルを傾け、砂糖をめがけて、ぬるま湯をそそぎイーストを振り入れ、指で溶かすように混ぜ合わせていく。途中、バターを加え、ボウルの中でひとまとまりになったら台の上で生地がなめらかになるまでこねる。ボウルに入れ、ラップをする。

　》》》 25℃で90分間ほったらかし

2　指でそっと押して跡が残れば、生地を台の上に取り出し、丸め直しながらガスをぬき2等分する。それぞれを丸め直した後、きつく絞ったぬれ布巾をかける。

　》》》 10分間ほったらかし

3　生地を手で押さえながら平らにし、めん棒で約16×16cmの正方形に伸ばす（**a,b**）。端から生地を巻き（**c**）、綴じ目を下にして2本並べて型に入れ（**d**）、ぬれ布巾をかける。型ごとポリ袋に入れて口を縛る。

　冷蔵庫に8〜14時間

4　8〜14時間たったら、ポリ袋と布巾をはずし、200℃に予熱しておいたオーブンで約18分焼く。

オーブンに入れる前に約20分置くと、より生地が盛り上がる。

a

b　16cm　16cm

c

d

-PORCELAIN-

ダブルソフト黒こしょう風味

かわいい焼きあがりは、サンドイッチにしても新鮮。
シンプルなサンドイッチもおすすめです。

¥143

材料
（外寸約18×12×高さ5cm ホーロー 1台分）

強力粉 … 200g
黒こしょう
　… 小さじ1
砂糖 … 大さじ1
塩 … 小さじ1
インスタントドライイースト
　… 小さじ1/2
ぬるま湯(35℃前後) … 125cc
バターかマーガリン … 5g
粉チーズ … 小さじ2

> 基本の材料と粉の量が違います。

> このレシピは生地が盛り上がるので、付属のふたは使用しない。

作り方

1. ボウルに計量した粉をふるい入れ、黒こしょうをざっくりと混ぜた後、塩と砂糖を離して入れる。ボウルを傾け、砂糖をめがけて、ぬるま湯をそそぎイーストを振り入れ、指で溶かすように混ぜ合わせていく。途中、バターを加え、ボウルの中でひとまとまりになったら台の上で生地がなめらかになるまでこねる。ボウルに入れ、ラップをする。

　》》 25℃で90分間ほったらかし

2. 指でそっと押して跡が残れば、生地を台の上に取り出し、丸め直しながらガスをぬき2等分する。それぞれを丸め直した後、きつく絞ったぬれ布巾をかける。

　》》 10分間ほったらかし

3. 生地を手で押さえながら平らにし、めん棒で約16×16cmの正方形に伸ばす。生地の端1〜2cmを残し粉チーズを振りかけて、端から生地を巻いていく。綴じ目を下にして2本並べて型に入れ、ぬれ布巾をかける。型ごとポリ袋に入れて口を縛る。

　冷蔵庫に8〜14時間

4. 8〜14時間たったら、ポリ袋と布巾をはずし、200℃に予熱しておいたオーブンで約18分焼く。

> オーブンに入れる前に約20分置くと、より生地が盛り上がる。

¥371

¥361

紅茶とりんごのアーモンドクリーム
黄桃アーモンドクリーム

リッチで贅沢なケーキのようなパンです。紅茶は茶葉が細かいものを使ってください。
りんごは薄くしすぎると焼いたときに固くなってしまうので、ご注意を。
黄桃はキッチンペーパーで押さえてしっかり水気を切っておくと作業しやすいです。

紅茶とりんごのアーモンドクリーム

材料
（外寸約18×12×高さ5cm ホーロー 2台分）

> 基本の材料と粉の量が違います。

- 強力粉 … 200g
- 紅茶の茶葉 … 4g
- 砂糖 … 大さじ1
- 塩 … 小さじ1
- インスタントドライイースト … 小さじ1/2
- ぬるま湯（35℃前後）… 125cc
- バターかマーガリン … 5g
- りんご … 1個
- 砂糖 … 90g
- 水 … 120g

アーモンドクリーム
- ◆バター … 10g
- ◆砂糖 … 30g
- ◆卵 … 15g
- ◆アーモンドプードル … 30g

下準備
りんごは3mmくらいのくし切りにする。耐熱容器にりんごと砂糖、水を入れ、500Wで3～4分レンジにかける。りんごがやわらかくなったら取り出してキッチンペーパーで押さえ、水気をしっかり切っておく。◆のバターと砂糖、卵、アーモンドプードルは順番に加えていき、そのつどよく混ぜる。型にオーブンペーパーを敷いておく。

作り方

1. ボウルに計量した粉をふるい入れ、紅茶の茶葉をざっくりと混ぜた後、塩と砂糖を離して入れる。ボウルを傾け、砂糖をめがけて、ぬるま湯をそそぎイーストを振り入れ、指で溶かすように混ぜ合わせていく。途中、バターを加え、ボウルの中でひとまとまりになったら台の上で生地がなめらかになるまでこねる。ボウルに入れ、ラップをする。

   》》 25℃で90分間ほったらかし

2. 指でそっと押して跡が残れば、生地を台の上に取り出し、丸め直しながらガスをぬき2等分する。それぞれを丸め直した後、きつく絞ったぬれ布巾をかける。

   》》 10分間ほったらかし

3. 生地を手で押さえながら平らにし、めん棒で型より少し大きく伸ばし、型に入れ、アーモンドクリームを塗る（a, b）。付属のふたをする。

   ■ 冷蔵庫に8～14時間

4. 8～14時間たったら、ふたをはずし、オーブンに入れる直前にりんごをのせ（c）、200℃に予熱しておいたオーブンで約18分焼く。

 a b c

黄桃アーモンドクリーム

材料
（外寸約18×12×高さ5cm ホーロー 2台分）

> 基本の材料と粉の量が違います。

- 強力粉 … 200g
- 砂糖 … 大さじ1
- 塩 … 小さじ1
- インスタントドライイースト … 小さじ1/2
- ぬるま湯（35℃前後）… 125cc
- バターかマーガリン … 5g
- 黄桃（缶詰）… 1個分

アーモンドクリーム
- ◆バター … 10g
- ◆砂糖 … 30g
- ◆卵 … 15g
- ◆アーモンドプードル … 30g

振りかける用
- ピスタチオ … 適量

下準備
黄桃は3mmくらいのくし切りにし、キッチンペーパーで押さえ、水気をしっかり切っておく。◆のバターと砂糖、卵、アーモンドプードルは順番に加えていき、そのつどよく混ぜる。ピスタチオは刻んでおく。型にオーブンペーパーを敷いておく。

作り方

1. ボウルに計量した粉をふるい入れ、塩と砂糖を離して入れる。ボウルを傾け、砂糖をめがけて、ぬるま湯をそそぎイーストを振り入れ、指で溶かすように混ぜ合わせていく。途中、バターを加え、ボウルの中でひとまとまりになったら台の上で生地がなめらかになるまでこねる。ボウルに入れ、ラップをする。

   》》 25℃で90分間ほったらかし

2. 指でそっと押して跡が残れば、生地を台の上に取り出し、丸め直しながらガスをぬき2等分する。それぞれを丸め直した後、きつく絞ったぬれ布巾をかける。

   》》 10分間ほったらかし

3. 生地を手で押さえながら平らにし、めん棒で型より少し大きく伸ばし、型に入れ、アーモンドクリームを塗る。付属のふたをする。

   ■ 冷蔵庫に8～14時間

4. 8～14時間たったら、ふたをはずし、オーブンに入れる直前に黄桃をのせ（a）、200℃に予熱しておいたオーブンで約18分焼く。

5. 粗熱がとれたらお好みでピスタチオを振る。

 a

スキレットで焼いてみましょう

かわいいフードメニュー作りに大活躍するスキレットですが、実はおいしいパンも焼けます。ちぎりパンはモチロン、ひとかたまりで焼くパンのきれいなドーム型に膨らむ姿は、テーブルで際立ちます。

SKILLET

chapter

4

-SKILLET-

スキレット型しずくパン

おなじみのちぎりパンも人気のスキレットに入れて焼くだけで これまでと全く違う感じの
ちぎりパンが焼けます。かわいく仕上げるポイントは生地をバランスよく入れることです。

材料
（丸い部分直径約16cm スキレット　2型分）

強力粉 … 280g
砂糖 … 大さじ1
塩 … 小さじ1
インスタントドライイースト
　　… 小さじ1/2
ぬるま湯(35℃前後) … 180cc
バターかマーガリン … 5g

作り方

1　ボウルに計量した粉をふるい入れ、塩と砂糖を離して入れる。ボウルを傾け、砂糖をめがけて、ぬるま湯をそそぎイーストを振り入れ、指で溶かすように混ぜ合わせていく。途中、バターを加え、ボウルの中でひとまとまりになったら台の上で生地がなめらかになるまでこねる。ボウルに入れ、ラップをする。

　　》》》 25℃で90分間ほったらかし

2　指でそっと押して跡が残れば、生地を台の上に取り出し、丸め直しながらガスをぬき12等分する。それぞれを丸め直した後、きつく絞ったぬれ布巾をかける。

　　》》》 10分間ほったらかし

3　生地を手で押さえながら平らにし、丸め直し、綴じ目を下にして6個ずつ型に入れ(**a**)、ぬれ布巾をかける。型ごとポリ袋に入れて口を縛る。

　　冷蔵庫に8〜14時間

4　8〜14時間たったら、ポリ袋と布巾をはずし(**b**)、200℃に予熱しておいたオーブンで約18分焼く。

a

b

生地同士の側面が
約3cm
くっついたら完了。

- SKILLET -

チョコバナナお花パン

バナナとチョコを包むだけで とろけるおいしさのスイーツパンになります。
欲張って具材を入れすぎないことがきれいに作るポイントです。
仕上げに粉糖を振ると一気に華やかになります。

¥233

材料
（丸い部分直径約16cm スキレット 2型分）

強力粉 … 270g
ココア … 大さじ1
砂糖 … 大さじ1
塩 … 小さじ1
インスタントドライイースト
　　… 小さじ1/2
ぬるま湯(35℃前後) … 180cc
バターかマーガリン … 5g

具材
板チョコ … 約30g
バナナ … 1本

振りかける用
粉糖 … 適量

下準備
バナナは1本を14等分の輪切りに、板チョコは14等分にしておく。

作り方

1　ボウルに計量した強力粉をふるい入れ、ココアをざっくりと混ぜた後、塩と砂糖を離して入れる。ボウルを傾け、砂糖をめがけて、ぬるま湯をそそぎイーストを振り入れ、指で溶かすように混ぜ合わせていく。途中、バターを加え、ボウルの中でひとまとまりになったら台の上で生地がなめらかになるまでこねる。ボウルに入れ、ラップをする。

》》》 25℃で90分間ほったらかし

2　指でそっと押して跡が残れば、生地を台の上に取り出し、丸め直しながらガスをぬき14等分する。それぞれを丸め直した後、きつく絞ったぬれ布巾をかける。

》》》 10分間ほったらかし

3　生地を手で押さえながら平らにし、めん棒で直径約7cmの円にする。チョコとバナナをのせて（**a, b**）包み込むように丸め（**c, d**）、綴じ目を下にして7個ずつ型に入れ、ぬれ布巾をかける。型ごとポリ袋に入れて口を縛る。

■ 冷蔵庫に8〜14時間

4　8〜14時間たったら、ポリ袋と布巾をはずし（**e**）、200℃に予熱しておいたオーブンで約18分焼く。

5　冷めたら粉糖をかける。

a
b
c
d
e

-SKILLET-

¥101

フォカッチャ風 〜オリーブオイル〜

指でパン生地にくぼみをつけるときは、素早くしっかりと。
さわりすぎると、指にくっついてしまいます。
フォカッチャの塩とオリーブオイルはぜひおいしいものを。
少し粗めの岩塩がオススメです。

材料
（丸い部分直径約16cm スキレット 2型分）

強力粉 … 280g
砂糖 … 大さじ1
塩 … 小さじ1
インスタントドライイースト … 小さじ1/2
ぬるま湯(35℃前後) … 180cc
オリーブオイル … 小さじ1

振りかける用
オリーブオイル … 適量
岩塩 … 適量
ドライローズマリー … 適量

作り方

1 ボウルに計量した粉をふるい入れ、塩と砂糖を離して入れる。ボウルを傾け、砂糖をめがけて、ぬるま湯をそそぎイーストを振り入れ、指で溶かすように混ぜ合わせていく。途中、オリーブオイルを加え、ボウルの中でひとまとまりになったら台の上で生地がなめらかになるまでこねる。ボウルに入れ、ラップをする。

》》》 25℃で90分間ほったらかし

2 指でそっと押して跡が残れば、生地を台の上に取り出し、丸め直しながらガスをぬき2等分する。それぞれを丸め直した後、きつく絞ったぬれ布巾をかける。

》》》 10分間ほったらかし

3 生地を手で押さえながら平らにし、めん棒で直径約12cmの円にしてスキレットに入れ、ぬれ布巾をかける。型ごとポリ袋に入れて口を縛る。

■ 冷蔵庫に8〜14時間

4 8〜14時間たったら、ポリ袋と布巾をはずし、生地にくぼみを付け(**a**)、オリーブオイルを塗り(**b**)、岩塩を振りかけ(**c**)、ローズマリーを振り、200℃に予熱しておいたオーブンで約18分焼く。

指で生地を押す。

-SKILLET-

フォカッチャ風 〜シュガーバター〜

シュガーバターは カロリーを気にせず
たっぷりお砂糖＋バターがおいしいです。
発酵バターを使うとリッチな味わいを楽しめますよ。

材料
（丸い部分直径約16cm スキレット 2型分）

強力粉 … 280g
砂糖 … 大さじ1
塩 … 小さじ1
インスタントドライイースト … 小さじ1/2
ぬるま湯(35℃前後) … 180cc
オリーブオイル … 小さじ1
振りかける用
グラニュー糖 … 適量
バターかマーガリン … 適量

作り方

1. ボウルに計量した粉をふるい入れ、塩と砂糖を離して入れる。ボウルを傾け、砂糖をめがけて、ぬるま湯をそそぎイーストを振り入れ、指で溶かすように混ぜ合わせていく。途中、オリーブオイルを加え、ボウルの中でひとまとまりになったら台の上で生地がなめらかになるまでこねる。ボウルに入れ、ラップをする。

   >>> 25℃で90分間ほったらかし

2. 指でそっと押して跡が残れば、生地を台の上に取り出し、丸め直しながらガスをぬき2等分する。それぞれを丸め直した後、きつく絞ったぬれ布巾をかける。

   >>> 10分間ほったらかし

3. 生地を手で押さえながら平らにし、めん棒で直径約12cmの円にしてスキレットに入れ、ぬれ布巾をかける。型ごとポリ袋に入れて口を縛る。

   ■ 冷蔵庫に8〜14時間

4. 8〜14時間たったら、ポリ袋と布巾をはずし、生地にくぼみを付け、ちぎったバターをのせ(**a,b**) グラニュー糖を振り(**c**)、200℃に予熱しておいたオーブンで約18分焼く。

¥101

-SKILLET-

絵本に出てくるふんわりパン

砂糖もバターも増やし、卵を使ったBackeのレシピでは珍しい配合なので、
少しこねにくいかもしれませんが、すぐまとまるのであわてないで！
とっても柔らかい生地なので型から出すときは優しく扱ってください。

材料
（丸い部分直径約16cm スキレット 2型分）

強力粉 … 280g
砂糖 … 大さじ2
塩 … 小さじ1
インスタントドライイースト
　　… 小さじ1/2
◆ぬるま湯(35℃前後) … 80cc
◆牛乳(35℃前後) … 80g
卵 … 30g
バター … 25g

下準備
◆のぬるま湯と牛乳は合わせて
35℃前後にしておく。

作り方

1　ボウルに計量した粉をふるい入れ、塩と砂糖を離して入れる。ボウルを傾け、砂糖をめがけて、◆と卵をそそぎ(a,b)、イーストを振り入れ(c)、指で溶かすように混ぜ合わせていく(d)。途中、バターを加え(e,f)、ボウルの中でひとまとまりになったら台の上で生地がなめらかになるまでこねる。ボウルに入れ、ラップをする。

　　》》》 25℃で90分間ほったらかし

2　指でそっと押して跡が残れば、生地を台の上に取り出し、丸め直しながらガスをぬき2等分する。それぞれを丸め直した後、きつく絞ったぬれ布巾をかける。

　　》》》 10分間ほったらかし

3　生地を手で押さえながら平らにし、めん棒で直径約12cmの円にしてスキレットに入れ、ぬれ布巾をかける。型ごとポリ袋に入れて口を縛る。

　　冷蔵庫に8〜14時間

4　8〜14時間たったら、ポリ袋と布巾をはずし、200℃に予熱しておいたオーブンで約18分焼く。

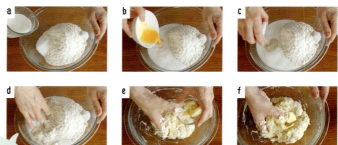

浮き上がってくる
イーストがなくなればOK！
素早く溶かして、
手早く全体をまとめる。

-SKILLET-

A
ハンバーグピザ風

具材とのバランスをよくするために、生地は基本の分量よりも少ないです。
ハンバーグはカットしてのせることで火の通りが良くなり食べやすくなります。
夕食の残りや冷凍ハンバーグで十分おいしくできます。

¥101

材料
（丸い部分直径約16cm スキレット 2型分）

強力粉 … 140g
砂糖 … 大さじ1/2
塩 … 小さじ1/2
インスタントドライイースト … 小さじ1/4
ぬるま湯（35℃前後）… 90cc
バターかマーガリン … 2g

> 基本の材料と粉の量が違います。

具材
ハンバーグ … 小さめ2個

> 昨夜の夕飯の残りや市販の冷凍ハンバーグで。

トッピング
ピザ用チーズ … 適量

振りかける用
パセリ … 適量

> ドライパセリでもOK。

下準備
ハンバーグは2cm角くらいに切っておく。

作り方

1　ボウルに計量した粉をふるい入れ、塩と砂糖を離して入れる。ボウルを傾け、砂糖をめがけて、ぬるま湯をそそぎイーストを振り入れ、指で溶かすように混ぜ合わせていく。途中、バターを加え、ボウルの中でひとまとまりになったら台の上で生地がなめらかになるまでこねる。ボウルに入れ、ラップをする。

》》》 25℃で90分間ほったらかし

2　指でそっと押して跡が残れば、生地を台の上に取り出し、丸め直しながらガスをぬき2等分する。それぞれを丸め直した後、きつく絞ったぬれ布巾をかける。

》》》 10分間ほったらかし

3　生地を手で押さえながら平らにし、めん棒で直径約12cmの円にしてスキレットに入れ、ぬれ布巾をかける。型ごとポリ袋に入れて口を縛る。

■ 冷蔵庫に8～14時間

4　8～14時間たったら、ポリ袋と布巾をはずし、ハンバーグとチーズをのせ（a,b,c）、200℃に予熱しておいたオーブンで約15分焼く。

5　お好みでパセリをのせる。

> 焦げやすいので焼き時間は短めで。焼き色を見ながら調整してください。

> 菜箸を使って軽く押さえるようにのせる。

a

b

c

-SKILLET-

B
から揚げバジルピザ風

おなじみのトマトソースではなく市販のバジルソースを使うことで
手軽におしゃれなピザができあがります。こちらも手軽に冷凍のから揚げを使っていますが
アイデア次第で何通りにもアレンジが楽しめます。

¥170

材料
（丸い部分直径約16cm スキレット 2型分）

- 強力粉 … 140g
- 砂糖 … 大さじ1/2
- 塩 … 小さじ1/2
- インスタントドライイースト … 小さじ1/4
- ぬるま湯（35℃前後）… 90cc
- バターかマーガリン … 2g
- バジルソース … 小さじ2

> 基本の材料と粉の量が違います。

具材
- 冷凍から揚げ … 2個
- 玉ねぎ … 適量

> 市販のもので十分おいしい。

トッピング
- ピザ用チーズ … 適量

下準備
から揚げは2cm角くらいに切っておく。玉ねぎはスライスしておく。

作り方

1. ボウルに計量した粉をふるい入れ、塩と砂糖を離して入れる。ボウルを傾け、砂糖をめがけて、ぬるま湯をそそぎイーストを振り入れ、指で溶かすように混ぜ合わせていく。途中、バターを加え、ボウルの中でひとまとまりになったら台の上で生地がなめらかになるまでこねる。ボウルに入れ、ラップをする。

   》》》 25℃で90分間ほったらかし

2. 指でそっと押して跡が残れば、生地を台の上に取り出し、丸め直しながらガスをぬき2等分する。それぞれを丸め直した後、きつく絞ったぬれ布巾をかける。

   》》》 10分間ほったらかし

3. 生地を手で押さえながら平らにし、めん棒で直径約12cmの円にしてスキレットに入れ、ぬれ布巾をかける。型ごとポリ袋に入れて口を縛る。

   冷蔵庫に8〜14時間

4. 8〜14時間たったら、ポリ袋と布巾をはずし、バジルソースを塗り（a）、から揚げと玉ねぎ（b,c）、チーズをのせ、200℃に予熱しておいたオーブンで約15分焼く。

> 菜箸を使って軽く押さえるようにのせる。

a

b

c

FOR BREAKFAST

「朝焼きたてパン」
と一緒に！

前の晩に作って翌朝おいしい お惣菜＆スープ

with

サンドイッチ

せっかく「朝焼きたてパン」でラクチンできる日は、
一緒に食べたいお惣菜やスープも、
朝はちょっと仕上げるだけの１品にしませんか？
ご紹介するサラダとスープは、前の晩に作っておけば、
翌朝とってもおいしくなるおすすめのレシピ。
実際に「日本一適当なパン教室」でも
生徒さんにお出しして、いつも大好評です。

-DISH-　　-SANDWICH-　　-SOUP-

-DISH-
朝仕上げのお惣菜

焼きあがったばかりのおいしいパンをじっくり味わいたいから、朝食に添えたい「お惣菜」作りにはできるだけ時間をかけません。前の夜に仕込んで、朝ちょこっとの作業だけでできあがるのは「朝焼きたてパン」と一緒です。

¥302

絹さやとプチトマトの
ふんわり卵焼き

卵を焼くだけならすぐにできあがる卵焼きも、具材入りは朝から作るには手間がかかるもの。でも前夜にスタンバイしておけば、朝は数分でふんわりあったか卵焼きのできあがり。

にんじんとアーモンドのサラダ

にんじんサラダも
前日ほぼ作っておいて味をしみこませ、
朝ほんのひと手間かけるだけで、
食感が新鮮なサラダに！
朝に添えるパリパリのアーモンドと
生のパセリがおいしいアクセントになります。

¥142

ウインナーとオリーブのトマト和え

しっかりウインナーが入った1品は、
男性陣や育ちざかりのお子さまにはぴったり！
グリーンオリーブが苦手な方には、
ゆでたブロッコリーやアスパラガスなどを
添えてもいいかも。

¥339

> 焼きあがりが半熟くらいの方がおいしいので、新鮮な卵を使ってくださいね。

絹さやとプチトマトのふんわり卵焼き

材料（3〜4人分）

絹さや … 約20g
プチトマト … 5個
プロセスチーズ … 30g
卵 … 2個
牛乳 … 大さじ1
塩・こしょう … 適量
サラダ油 … 小さじ1/2

作り方

前夜

絹さやはさっとゆでて斜めに切り、プチトマトは半分に、プロセスチーズは1cm角に切ってラップにくるみ冷蔵庫に入れておく。

朝

卵はときほぐし、牛乳と塩・こしょうを混ぜ、サラダ油を熱したフライパンに入れる。絹さや、プチトマト、プロセスチーズを散らし、まわりがかたまりはじめたら、木べらでさっくり混ぜ全体に火が通ったらできあがり。

-DISH-

あわただしい朝の食卓に1品欲しいのは
おいしいだけじゃなく、栄養満点のメニューですよね。
朝のひと手間だけで、すぐにできあがってしまうので
2品、3品もあっという間です。

玉ねぎをアーリーレッドにすると、さらに色鮮やかになりますよ。

にんじんとアーモンドのサラダ

材料（3〜4人分）

にんじん … 1本(約150g)
玉ねぎ … 1/4個(約50g)
すし酢 … 大さじ1
オリーブオイル … 小さじ1
粒マスタード … 小さじ1
塩・こしょう … 適量
アーモンドスライス … 10g
パセリ … 適量

作り方

前夜

にんじんは千切りにして、塩少々（分量外）を加えた湯で約30秒ゆで、玉ねぎは薄くスライスして冷水にさらす。それぞれ水気をよく切った後、すし酢、オリーブオイル、粒マスタードを混ぜ合わせたボウルの中に入れてよく和え、塩・こしょうで味を調え、冷蔵庫で冷やしておく。

朝

ちぎったパセリとアーモンドスライスを加えたらできあがり（パセリ、アーモンドがしゃきっとした状態で食べられる）。

ウインナーは食べるシーンによって、小さめに切ってもOKです。

ウインナーとオリーブのトマト和え

材料（3〜4人分）

玉ねぎ … 1/2個(約100g)
ウインナー … 6本(約120g)
トマトペースト … 大さじ1
すし酢 … 大さじ1
水 … 大さじ2
塩・こしょう … 適量
サラダ油 … 小さじ1/2
グリーンオリーブ … 5個(約15g)

作り方

前夜

玉ねぎは薄切り、ウインナーは斜めに切り込みを入れ、サラダ油を熱したフライパンに入れる。玉ねぎがしんなりしてきたらトマトペースト、すし酢、水を加え、塩・こしょうで味を調え、粗熱がとれたら冷蔵庫で冷やしておく。

朝

薄切りにしたグリーンオリーブを混ぜ込んだらできあがり。

-SANDWICH-

「朝焼きたてパン」で作るサンドイッチ

手作りのパンで作るサンドイッチのおいしさは格別です。
たっぷり入った具材は、見た目にも華やかでとってもヘルシー！
忙しい朝でも簡単に作れるのでお弁当にもいいですよ。

材料

スクウェア型で作るコッペパン … 3本
　（p.24「ちぎりコッペパン〜プレーン〜」、
　p.26「小麦胚芽ちぎりコッペパン」等）
バターかマーガリン … 適量
お好みの具材 … p.72〜73の3種
　「絹さやとプチトマトのふんわり卵焼き」
　「にんじんとアーモンドのサラダ」
　「ウインナーとオリーブのトマト和え」

作り方
コッペパンは、具材をはさみやすいように縦に切り込みを入れ、パンの表面をつぶさないように広げながら、切り口にバターをぬり具材を少しずつつめていく。

> 具材がたっぷり入った方が
> おいしそうなので、
> 切り込みは深めに入れた方がよい。

おすすめのパン
コッペパンサンドでなくてもp.18「基本の朝焼きたてパン」、p.22「グラハム粉ちぎりパン」に3種の具材を交互にはさんだり、一列ごとにはさむと華やかになっておもてなし等にぴったり。p.23「バンズ風ちぎりパン」は横に切れ目を入れて、「絹さやとプチトマトのふんわり卵焼き」にケチャップをかけてサンドしてもおいしい。p.26「小麦胚芽ちぎりコッペパン」も横に切れ目を入れて、レタス、ハムと「にんじんとアーモンドのサラダ」でボリューム満点のサンドにするものおすすめ。

ランチにもぴったり
見た目もよくて、食べやすい、ワックスペーパーに包んで保存袋やお弁当箱に入れればランチにぴったり。具材がたっぷり入るため傷みやすいので、保冷剤は忘れずに。

-SOUP-

朝に仕上げるスープ

夜の時間をうまく使って、朝仕上げるスープは、味がしっかりしみ込んだ家庭の味。シンプルなパンとの相性抜群です。熱々の焼きたてパンをスープにがっつりつけて食べるのもおすすめです。

¥429

簡単ビーフシチュー風

特別な日のメニューと思われがちなデミグラスソースベースの濃厚スープもカレー用豚肉と缶詰を使えば気軽に作れます。お好みで牛肉や高級なお肉を使ってもモチロンOKですが、ケチャップやソースが入った味がお子さまや年配の方にはうけるかも？

材料（3～4人分）

- ブロッコリー … 50g
- 玉ねぎ … 1/2個（約100g）
- にんじん … 1/2本（約50g）
- カレー用豚肉 … 100g
- サラダ油 … 小さじ1

スープ

- ◆水 … 1カップ
- ◆デミグラスソース … 200g
- ◆顆粒コンソメ … 小さじ1/2
- ◆中濃ソース … 大さじ1
- ◆トマトケチャップ … 大さじ1
- ◆塩 … 小さじ1/4
- ◆砂糖 … 小さじ1/2
- 黒こしょう … 適量

作り方

前夜

ブロッコリーは、食べやすい大きさに切り、固ゆでした後冷蔵庫に入れておく。玉ねぎは約1cmのくし切り、にんじんはひと口大に、カレー用の豚肉は食べやすい大きさに切る。サラダ油を熱した鍋で、豚肉、玉ねぎ、にんじんの順によく炒める。玉ねぎがしんなりしたらスープ（◆）を加えて煮こみ、粗熱がとれたら冷蔵庫に入れておく。

朝

鍋を温め、ブロッコリーを入れて、仕上げに黒こしょうで味を調えたらできあがり。

野菜たっぷりヘルシースープ

9年前から営んでいる「自宅カフェBacke」でお出ししているスープのレシピです。
1度にたくさんの種類の野菜が食べられる、女性にうれしいスープです。
野菜は大きさを揃えれば、冷蔵庫の残り野菜でも
いいですが、えのきは必ず入れてください。

材料（3〜4人分）

えのき … 50g	固形コンソメ … 1個
キャベツ … 50g	水 … 2カップ
ベーコン … 50g	塩 … 小さじ1/4
玉ねぎ … 1/4個（約50g）	砂糖 … 小さじ1/2
にんじん … 1/2本（約50g）	黒こしょう … 適量

作り方

前夜

キャベツは粗いざく切り、えのきは2cmくらいの長さに切り、冷蔵庫へ入れておく。玉ねぎは粗いみじん切り、にんじんは1cm角、ベーコンは食べやすい大きさに切って鍋に入れ、固形コンソメと水を加え煮こみ、粗熱がとれたら冷蔵庫に入れておく。

朝

鍋を温め、キャベツを入れ煮込み、しんなりとしてきたら、仕上げにえのきを入れ、塩、砂糖、黒こしょうで味を調えながら、ひと煮たちしたらできあがり。

¥225

白菜とウインナーのミルクスープ

白菜がおいしい時期には常備しているほどのスープです。
前の晩には牛乳を入れないことで、白菜の芯の部分まで
しっかり味がしみこみます。白菜をカットする際、
芯の部分と葉の部分は分けておいてくださいね。

材料（3〜4人分）

白菜 … 約100g	牛乳 … 1カップ
ウインナー … 約60g	コーン … 約60g
バター … 5g	塩 … 小さじ1/4
固形コンソメ … 1個	砂糖 … 小さじ1
水 … 1カップ	黒こしょう … 適量

作り方

前夜

白菜は粗い千切り、ウインナーは縦に細く切る。バターを熱したフライパンで白菜の芯の部分を炒め、火が通ったらウインナーを入れて炒め、白菜の葉の部分も炒め、水と固形コンソメを入れて煮込み、鍋にうつし粗熱がとれたら、冷蔵庫に入れておく。

朝

鍋を温め、牛乳、コーンを入れて軽く煮込み、塩、砂糖、黒こしょうで味を調えてできあがり。

¥287

おわりに

2014年春に『日本一簡単に家で焼けるパンレシピ』という本を出版しました。

「私のパン作りはキチンとしたパン作りではありません」
「パン作りのプロの方が見たら、びっくりしてあきれてしまうかも？」と
うたっている通り、一般的な「パンのレシピ本」とは全く違う型破りな内容でした。

それまで5年間……これまたふざけた名前の「日本一適当なパン教室」を主宰してきました。
（現在も、進行中です。笑）

私の考えに共感してくれている生徒さんには受け入れられているパン作りも、
書籍となって世の中に出て行った場合「受け入れてもらえるのか？」「おいしいと思ってもらえるのか？」
期待と一緒に不安ものせたまま世に出て行った『日本一簡単に家で焼けるパンレシピ』ですが、
想像以上に多くの方に受け入れられました。

パン作りは無理だと思っていた人が、パン作りをはじめてくれた、その事実はうれしかったのですが、
時々「やりたいのだけれど、休みの日じゃないと無理」「朝焼きたてが食べたいな」などの声も聴きました。
うまく生活に取り入れられない人がいることに気が付き、
Backeスタッフyukoさんと試作を繰り返しました。

できあがったレシピに一番びっくりしたのは私かもしれません。
パンの常識では考えられないレシピなのに、失敗せずにとってもおいしい。
手間をかけておいしいものはたくさんあります。
でも、手間をかけなければおいしくないのではなく、手間をかけずにうまれるおいしさもあるんです！
「パンを食べるのは好きだけど、作るなんてありえない」「簡単なパンなんておいしいわけがない」
そんな風に思っている方にぜひ手にとっていただきたい、晶子入魂の1冊です。

今、私と共に本書を作り上げてくれたスタッフに心から感謝しています。
Backeのパンが最高に輝くステージを作り上げてくれるスタイリストのしのざきさん、
どのシーンからも「朝焼きたて」の空気が漂うような一瞬をとらえてくれたカメラマンの大山さん、
「なんだかカッコいいBacke」を各ページで見事に表現してくださった大島さん、
本づくりのスタートから、試作、撮影、原稿チェック……
すべての作業を全力サポートしてくれるBackeチーム・チーフyukoさんと、
今回から加わってくれたjunkoさん、お二人なくしてBackeは成り立ちません！

そして、10年以上前はただの専業主婦だった私に
レシピ本を作るチャンスを与えてくれた編集の柳原さん。
私の型破りなパン作りが世の中に受け入れられたのは柳原さんのプロデュースのおかげ！
さらなるBackeのパン作りの魅力をひっぱりだしていただき、ありがとうございます。

手間をかけずに朝から焼きたてのパンが作れてしまうという、
魅惑の「朝焼きたてパン」レシピは、新たな朝のシーンを作る幸せのレシピです。

日本一適当なパン教室主宰　Backe晶子

Backe 晶子（べっか・あきこ）

茨城県取手市にある完全予約制の自宅カフェ「Backe（ベッカ）」のオーナー。東京・北千住でもレッスンを開催中。"家で無理なく作れる本格パン"を追求して改良されてきたオリジナルの手法に注目が集まり、「日本一適当なパン教室」を主宰。レッスンから帰った後、自宅でもパンを焼いて成功する生徒さんが多いのが特徴。また、自宅カフェや教室開業を目指す人たちに、そのノウハウを教える教室なども北千住にて開催中。著書に『絵本からうまれたおいしいレシピ』シリーズ（共著・宝島社）、『パン型付き！ 日本一簡単に家で焼けるパンレシピ』（宝島社）シリーズがあり、累計100万部以上のベストセラーとなる。
「Backe」　http://www.backe.jp

編集	綿ゆり（PHPエディターズ・グループ） 柳原香奈
編集協力	神保幸恵
写真	大山裕平
工程写真アシスト	遊佐和弘
スタイリング	しのざきたかこ
デザイン	コーラス
調理アシスト	yuko 「天然酵母パン教室 yuchipan」 http://yuchipan04.exblog.jp junko 「パンとアイシングクッキーの教室 launa」 http://launa.exblog.jp/
イラスト	アビルマリ
撮影協力	UTUWA　03-6447-0070

日本一適当なパン教室の
夜こねて冷蔵庫でほったらかし
朝焼きたてパンレシピ

2016年9月20日　第1版第1刷発行
2018年8月17日　第1版第9刷発行

著　者　Backe晶子
発行者　清水卓智
発行所　株式会社PHPエディターズ・グループ
　　　　〒135-0061　江東区豊洲5-6-52
　　　　☎03-6204-2931
　　　　http://www.peg.co.jp/
発売元　株式会社PHP研究所
　　　　東京本部　〒135-8137　江東区豊洲5-6-52
　　　　普及部　☎03-3520-9630
　　　　京都本部　〒601-8411　京都市南区西九条北ノ内町11
　　　　PHP INTERFACE　https://www.php.co.jp/
印刷所
製本所　凸版印刷株式会社

©Backe Akiko 2016 Printed in Japan
ISBN978-4-569-83162-6

＊本書の無断複製（コピー・スキャン・デジタル化等）は著作権法で認められた場合を除き、禁じられています。また、本書を代行業者等に依頼してスキャンやデジタル化することは、いかなる場合でも認められておりません。
＊落丁・乱丁本の場合は弊社制作管理部（☎03-3520-9626）へご連絡下さい。送料弊社負担にてお取り替えいたします。